La petite Targinette
En tous lieux a des amans,
C'est une franche coquette
Qui fait rire à ses dépens.
Sans jamais les satisfaire,
Elle ose exiger leurs vœux,
Et cherche toujours à plaire
Sans jamais faire d'heureux.

---

j'avois cent francs
moins quatrevingt dix francs;
encore ces dix francs
n'étoient ils pas bien francs;
Car des dix francs,
je devois quatre francs,
reste donc à six francs;
Et des six francs,
j'allai chez la Lefranc
qui me laissa sans franc.

CHANSONS
CHOISIES,
AVEC LES AIRS NOTÉS.

TOME PREMIER.

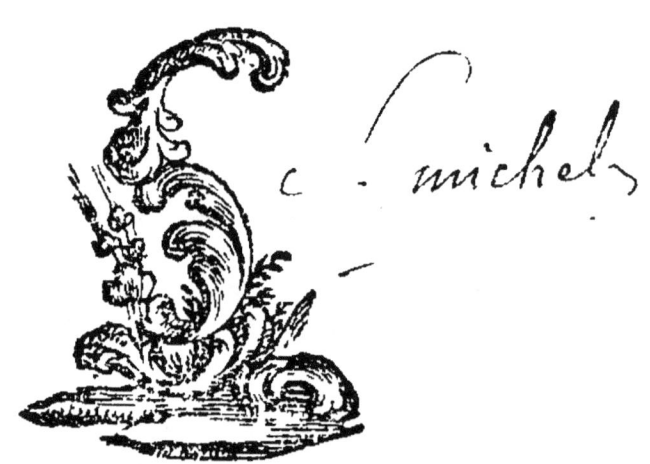

A LONDRES.

M. DCC. LXXXIV.

AVIS
DES ÉDITEURS.

Tous les étrangers conviennent de notre fupériorité dans l'art de la chanfon. De tous les peuples de l'Europe, le François eft celui dont le naturel eft le plus porté à ce genre léger de poéfie : la galanterie, le goût de la table, la vivacité brillante de fon humeur, tout femble lui en infpirer le goût; & en général on peut affurer que l'humeur chanfonniere eft un des caracteres de la nation.

Le François, libre de foins, hors du tourbillon des affaires qui l'a entraîné toute la journée, fe délaffe le foir, dans des foupers agréables, de la fatigue & des embarras du jour. La chanfon eft fon égide contre l'ennui : le vaudeville eſt ſon arme offenſive contre le ridicule : il s'en ſert auſſi quelquefois comme d'une eſpece de ſoulagement des pertes ou des revers qu'il eſſuie : il chante ſes défaites, ſes miſeres ou ſes maux, auſſi volontiers que ſes proſpérités & ſes victoires. Battant ou battu, dans l'abondance ou dans la diſette, heureux ou malheureux, triſte ou gai, il chante toujours, & l'on diroit que la chanſon eſt l'expreſſion naturelle de tous ſes ſentimens.

Auſſi cette humeur chanſonniere a produit parmi nous, dans les ſiecles qui ont ſuivi la renaiſſance des lettres, une foule de pieces légeres & agréables. Tous nos bons Auteurs ſe ſont exercés dans l'art de la chanſon, & nous pouvons nous glorifier d'être plus riches qu'aucun peuple de l'Europe dans cette ſorte de production.

Cependant de tous les recueils de chanſons qu'on a imprimés juſqu'à ce jour, il n'en est aucun qui soit digne d'un homme de goût, & nous osons dire qu'un recueil bien fait nous manquoit encore. Ce n'est certainement pas l'envie de déprimer, ni le desir de faire préférer notre travail, qui nous dicte ce jugement.

Quiconque aura parcouru avec attention l'*Anthologie Françoise*, *le petit Chansonnier François*, *l'Anacréon François*, & *le recueil de M. de la-Borde*, qui sont les collections les moins imparfaites qui ont paru depuis quelques années, conviendra qu'elles sont bien éloignées d'être aussi bien composées qu'elles pouvoient l'être. En effet, on y remarque un mélange de bonnes, de médiocres & de mauvaises chansons, qui en déparent l'assortiment.

La chanson étant faite pour inspirer le plaisir, ou satisfaire le goût, tout ce qui est au-dessous du bon ne peut remplir cet objet, & porte avec soi le dégoût & l'ennui. Il femble qu'on ait été plus jaloux de groffir ou de multiplier les volumes, que de les bien compofer.

Cependant au milieu de la richeffe & de l'efpece d'abondance où nous fommes en excellentes chanfons françoifes, il femble qu'on devoit être moins embarraffé fur le choix que fur le nombre. Rien n'étoit fi facile que d'en former un recueil, même confidérable, en n'y admettant que le bon, & en excluant le médiocre.

Il ne falloit pour cela que fe donner la peine de fouiller les recueils imprimés, tant anciens que modernes ; en extraire les excellentes pieces qu'ils renferment, & les difcerner au milieu du fatras de chanfons plattes ou infipides qu'ils renferment. C'étoit un miel précieux à extraire, c'étoient des rofes à cueillir dans un champ femé de ronces & d'ivraie.

C'eft ce travail que nous avons ofé

entreprendre : nous avons eu la patience de parcourir plus de cinquante volumes de chansons, & d'en extraire tout ce qui étoit marqué au coin du bon goût, en rejettant toutes celles dont la verfification étoit foible, ou le fujet trivial.

Nous avons pouffé plus loin nos recherches. Nous nous fommes procuré la communication de plufieurs portefeuilles d'amateurs, dans lefquels nous avons trouvé d'excellentes pieces, qui n'ont pas encore paru imprimées. Auffi trouvera-t-on dans notre recueil un grand nombre de chanfons, qui peuvent paffer pour nouvelles, parce qu'on ne les trouve dans aucun autre, & qu'elles ne font point, ou ne font que très-peu connues.

Nous avons apporté la même févérité dans le choix que nous avons fait de ces dernieres, que dans celui des précédentes. Nous avons eu le courage de dévorer l'ennui, de lire plus de six mille chansons, pour choisir les six cents qui composent ce recueil. Nous n'y en avons admise aucune qui n'intéresse, ou par les graces de la poésie, ou par la vivacité des images, ou par le choix du sujet, ou par le sel de la plaisanterie.

Un défaut commun à tous les recueils imprimés jusqu'ici, c'est que les chansons y sont confondues sans suite & sans ordre, sans aucun égard au sujet ou au genre : il en résulte un mélange informe qui confond tous les objets.

Par ce défaut de méthode, il arrive souvent qu'une chanson anacréontique est suivie d'une chanson villageoise, ou d'un amphigouri ; & une chanson délicate & tendre, d'une chanson grivoise ou poissarde. Ces disparates sont aussi choquantes pour un homme de goût, que le seroit pour l'œil d'un amateur éclairé, la vue d'un tableau de l'Albane ou du Correge, placé dans une galerie de peintures, à côté d'une bambochade flamande, ou d'un grotesque de Callot.

Pour éviter cette espece de dissonance, nous avons cru devoir classer notre collection par genre de chansons assorties. On ne doit pas craindre qu'il en résulte une monotonie désagréable : chaque chanson se différencie assez de celles du même genre, par le choix du sujet, par la variété des tableaux, ou par la touche du Poëte. Nous nous flattons que cette disposition nouvelle, qui n'a été observée jusqu'ici dans aucun recueil, sera sentie & goûtée du public judicieux.

Nous avons porté l'ordre & la méthode plus loin. Non-seulement nous avons classé à part toutes les chansons du même genre, nous avons encore assorti les sujets de la même classe; c'est-à-dire, que nous avons fait suivre ensemble les chansons qui ont quelque conformité entr'elles pour le rapport du sujet; ensorte qu'on passe de l'une à l'autre par des tranfitions qui en lient la marche : ces transitions sauvent les disparates choquantes qui résultent de deux chansons, lesquelles non-seulement n'ayant entr'elles aucune ressemblance, mais encore portant un caractere, &, pour ainsi dire, une physionomie toute opposée, se trouvent placées, comme malgré elles, à la suite l'une de l'autre, & forcées de marcher ensemble. Cet arrangement, qui exigeoit l'attention la plus soutenue & la plus suivie, n'a pas été la moindre partie de notre travail.

Voici l'ordre que nous avons observé dans la distribution des quatre volumes que forment notre recueil.

Après quelques chansons anciennes, qui commencent le premier volume, nous avons placé les chansons *Érotiques* & *Anacréontiques* : à la suite, sont les *Romances* ; le volume est terminé par une suite de *Couplets détachés.*

Avis des Éditeurs. xiij

Le second volume est rempli par les chansons *Pastorales*, *Villageoises*, *Grivoises*, *Poissardes*, & les chansons *Parlées*: c'est-à-dire, celles dans lesquelles les vers chantés sont entremêlés de paroles qu'on prononce sans les chanter.

Les chansons composées sur des *Sujets particuliers*, occupent la plus grande partie du troisieme volume. Il commence par une suite de vingt-deux couplets de M. le Vicomte *de la Poujade*, qui a passé dans les plus agréables sociétés de Paris & de la Cour, dont il faisoit les délices, pour un des meilleurs & un des plus fertiles *coupleteurs* de son tems. A la tête de ces couplets, on trouvera une notice intéressante sur la personne & les productions de ce militaire aimable. Après les sujets particuliers, sont placées les *Chansons de Table*, ou les chansons *Bachiques*, qui sont suivies des *Vaudevilles*.

Nous avons renvoyé au quatrieme & dernier volume toutes les chansons assaisonnées d'un sel plus piquant, ou d'une plaisanterie plus libre & plus gaie. Au lieu de les laisser éparses & confondues avec les autres chansons, comme on a fait dans tous les autres recueils précédens, nous avons cru qu'il étoit plus à propos de les renfermer dans un seul volume à part. On y en trouvera un grand nombre de M. *Collé*, un des meilleurs chansonniers de ce siecle, & qui, dans ses chansons, a une tournure de gaieté, de plaisanterie & de style, qui n'est qu'à lui : la plupart des chansons de cet Auteur, insérées dans ce quatrieme volume, n'ont point encore été imprimées, & ne sont connues que d'un très-petit nombre de personnes.

Un inconvénient qui se rencontre dans presque tous les recueils imprimés, excepté l'Anthologie Françoise & le Chansonnier François, en seize volumes, c'est que la musique des chansons n'y est point notée : les airs connus y sont indiqués par les paroles des anciennes chansons, sur lesquelles ils ont été compofés ; mais fouvent on connoît l'air fans favoir la chanfon à laquelle il appartient ; plus fouvent encore on ignore l'air dont on indique les premieres paroles auxquelles il s'adapte ; fouvent auffi ces recueils ne défignent point d'air, parce qu'on n'en a point compofé fur telle chanfon, ou que l'éditeur en l'imprimant l'a ignoré. Cet inconvénient nuit beaucoup au fuccès d'un recueil, parce que la chanfon étant effentiellement faite pour être chantée, quelque belle & agréable qu'elle foit, fi on en ignore l'air, on la néglige.

Nous avons fenti l'importance de cette omiffion. Quelques frais que duffent entraîner la gravure & l'impreffion de la mufique, nous avons voulu que dans les quatre volumes que nous préfentons au public, il n'y eût pas une chanfon dont l'air ne fût noté : nous les avons fait imprimer du même format que notre édition, & l'on pourra les faire placer à la fin de chaque volume auquel ils fe rapportent, ou bien les faire relier en un seul volume.

Nous étant proposé de borner notre recueil à quatre volumes, petit format, afin de les rendre plus commodes & plus portatifs, nous n'aurions pu, sans les grossir considérablement, & augmenter en proportion le prix des quatre volumes, faire graver l'air à la tête de chaque chanson, comme on a fait dans l'Anthologie, & dans le recueil de M. de la Borde. Nous avons préféré la méthode du Chansonnier François, dans lequel les airs sont notés sans paroles, & placés à la fin de chaque volume, sous des numéros relatifs à la chanson, à laquelle chacune appartient.

Ainsi en cherchant à la tête des airs imprimés le numero de l'air indiqué à la tête de chaque chanson, on l'y trouvera sur-le-champ: si c'est un air connu, un coup-d'œil jeté sur les premieres mesures, le rappellera facilement; si c'est un air nouveau, il ne sera pas difficile d'y adapter les paroles, sur-tout dans les airs simples & peu chargés de musique. Pour ce qui est de ceux qui sont un peu travaillés, on pourra les extraire comme d'une parition, & les copier, en y ajoutant les paroles qu'on écrira sous la musique.

Il nous reste à dire un mot sur la méthode que nous avons suivie en faisant imprimer les airs de ces chansons ; ils sont notés, non pas de la maniere usitée pour la musique vocale, où les croches sont détachées les unes des autres, excepté celles qui s'articulent sur la même syllabe, mais à la maniere de la musique instrumentale, où les croches sont toutes liées, d'autant plus que les paroles ne sont pas écrites sous la musique. Les croches détachées auroient produit dans l'impression une espece de confusion frappante pour l'œil, & auroient occupé trop d'espace.

Lorsque l'air d'une chanson emploie plusieurs notes sous la même syllabe, ces notes sont désignées par un trait de liaison placé au-dessus & au-dessous, qui indique qu'elles doivent être coulées sur la même syllabe : c'est une attention essentielle à avoir quand on voudra joindre l'air aux paroles.

Souvent dans le corps ou à la fin d'une chanson, il se rencontre des paroles que le Musicien juge à propos de répéter, pour donner plus d'expression à l'air ou à la chanson. Ces répétitions sont indiquées dans la musique par un crochet, ou un trait souligné de cette forme ⌐⎯⌐.

Nous avons été obligés de faire composer des airs nouveaux sur beaucoup de chansons qui n'en avoient point. Quant à celles qui sont faites sur des airs connus, quoiqu'anciens, nous les avons conservés, soit par égard pour les personnes qui ne savent pas la musique, & que des airs nouveaux auroient embarrassées, soit parce que les anciens airs

Avis des Éditeurs. xix

ont un caractere plus simple, qui tient à la gaie naïveté du vaudeville. Un très-grand nombre de chansons exigent des airs de ce genre, & doivent être en quelque sorte autant récitées que chantées. Trop d'art dans le chant les dénatureroit au lieu de les embellir; car il faut bien se garder de confondre une chanson à couplets, avec une chanson en ariette: celle-ci tire son mérite & son agrément de la musique, autant que des paroles; souvent même la beauté de la musique couvre ou fait oublier la médiocrité des paroles : bien différente en cela de la chanson à couplets, dont les paroles, pour être goûtées, doivent être si bien faites, qu'elles puissent se passer de l'accessoire de la musique.

Observons en finissant, que de même qu'une piece de Théatre gagne infiniment à la représentation, aussi la chanson perd beaucoup à n'être que lue; elle est faite pour être chantée & bien chantée : il en est même plusieurs qui doivent en grande partie leurs graces & leur esprit à l'art du chanteur. Telles sont les chansons grivoises & poissardes : celles de paysan, celles de parade, & celles où on imite le langage du bas peuple.

CHANSONS CHOISIES.

CHANSON ATTRIBUÉE A HENRI IV,
ROI DE FRANCE.
AIR. N°. 1.

Charmante Gabrielle,
Percé de mille dards,
Quand la gloire m'appelle
A la suite de Mars;
Cruelle départie !
Malheureux jour !
Que ne suis-je sans vie,
Ou sans amour !

Partagez ma couronne,
Le prix de ma valeur;
Je la tiens de Bellonne,
Tenez-la de mon cœur.

Tome I.   A

Cruelle départie !
   Malheureux jour !
C'est trop peu d'une vie,
   Pour tant d'amour !

AIR. N°. 2.

Plus ne suis ce que j'ai été,
Et plus ne sauroit jamais l'être :
Mon beau printems & mon été
Ont fait le saut par la fenêtre.
Amour, tu as été mon maître,
Je t'ai servi sur tous les dieux.
Ah ! si je pouvois deux fois naître,
Combien je te servirois mieux !

CLÉMENT MAROT.

AIR. N°. 3.

Amour me tient en servage,
En mon cœur plus n'est repos,
En ma bouche doux propos ;
N'ai que larmes pour breuvage,
Pour parler n'ai que sanglots. *Bis.*

Bien se voit que de ma vie
Fleur se passe chaque jour.
Si n'aimez à votre tour,
Las! dans peu, gente Émilie,
Mourrai victime d'amour.   Bis.

Ah, si me pouviez entendre!
Si saviez qui m'amoindrit,
Que Roger d'amour périt ;
Vous connois ame assez tendre
Me pleureriez un petit.   Bis.

Mais non, non; ne craignez mie,
Mon secret point ne dirai ;
Avec moi, quand finirai,
Vous le promets, belle amie,
Au tombeau l'emporterai.   Bis.

D'USSIEUX.

AIR. N°. 4.

VIENS m'aider, ô dieu d'Amour,
   A portraire celle,
   Celle tant belle,
Que tant aimerai toujours.

A ij

Elle a bien du gai printems,
Gente humeur & fin sourire :
Blanches perles sont ses dents,
Roses sa bouche respire.
  Viens m'aider, &c.

Ses yeux sont nobles & doux,
Et sans peine on y peut lire
Qu'elle leur défend sur nous
D'user de tout leur empire.
  Viens m'aider, &c.

Son maintien est si tant doux !
Son parler semble une lyre :
Si son regard luit sur vous,
Toute votre ame il attire.
  Viens m'aider, &c.

En sa personne rien n'a
Qui de l'aimer ne vous prie,
Et sans y penser voilà
Qu'elle se trouve obéie.
  Viens m'aider, &c.

Son vouloir est votre roi ;
Voulut-elle votre vie,

Pour vous feroit une loi
D'accomplir fa fantaifie.
   Viens m'aider, &c.

Ne lui feriez moins conftant
En fervant beauté nouvelle ;
Car bien que l'œil foit content,
Le cœur dit ce n'eft pas elle.
   Viens m'aider, &c.

Quand le prix fut difputé
Dans la célefte gageure,
Vénus eut bien la beauté,
Mais ma mie eut la ceinture.
   Viens m'aider, &c.

AIR : *Du prévôt des marchands.* N°. 5.

JE vous donne, avec grand plaifir,
De trois préfens un à choifir :
La belle, c'eft à vous de prendre
Celui des trois qui plus vous duit ;
Les voici, fans vous faire attendre ;
Bonjour, bon foir, & bonne nuit.
            SARASIN.

AIR. N°. 6.

O BIENHEUREUX qui peut passer sa vie
Entre les siens, franc de haine & d'envie,
Parmi les champs, les rochers & les bois,
Loin du tumulte & du bruit populaire,
Et qui ne vend sa liberté pour plaire
Aux passions des princes & des rois !

Il n'a souci d'une chose incertaine ;
Il ne se paît d'une espérance vaine ;
Nulle faveur ne le va décevant.
De cent fureurs il n'a l'ame embrasée,
Et ne maudit sa jeunesse abusée,
Quand il ne trouve à la fin que du vent.

L'ambition son courage n'attise ;
D'un fard trompeur son ame il ne déguise ;
Il ne se plaît à violer sa foi.
Des grands seigneurs l'oreille il n'importune ;
Mais en vivant, content de sa fortune,
Il est sa cour, sa faveur & son roi.

Si je ne loge en ces maisons dorées,
Au front superbe, aux voûtes peinturées

D'azur, d'émail & de mille couleurs,
Mon œil se paît des trésors de la plaine,
Riche d'œillet, de thym, de marjolaine,
Et du beau teint des printanieres fleurs.

Ainsi vivant, rien n'est qui ne m'agrée ;
J'ai des oiseaux la musique sacrée,
Quant au matin ils bénissent les cieux ;
Et le doux son des bruyantes fontaines,
Qui vont coulant de ces roches hautaines,
Pour arroser nos prés délicieux.

DESPORTES.

AIR : *Quand vous entendrez le doux Zéphir.*

N°. 7.

En chantant cette chanson, il faut répéter les mots qui sont en caracteres italiques. Ces répétitions ajoutent beaucoup d'expressions aux paroles.

Las ! si j'avois pouvoir d'oublier
   Sa beauté, son bien dire,
   Et son *très-doux* regarder,
   Finirois mon martyre.

Mais las ! mon cœur je n'en puis ôter ;
 Et grand affolage
 M'eſt d'eſpérer :
 Mais tel ſervage
 Donne courage
 A tout endurer.

 Et puis *comment* oublier
 Sa beauté, ſon bien dire,
 Et ſon *très-doux* regarder !
 Mieux aime mon martyre (*).

(*) Qui croiroit que cette chanſon a été compoſée vers le commencement du treizieme ſiecle ! Elle eſt de Thibaut IV, comte de Champagne & roi de Navarre. Ce prince fut ſurnommé *le Grand & le faiſeur de chanſons*. Il étoit auſſi vaillant guerrier qu'habile chanſonnier. Il eſt regardé comme le pere de la chanſon françoiſe.

CHANSONS ÉROTIQUES ET ANACRÉONTIQUES.

La chanson érotique est une espece d'ode anacréontique, dont l'amour & la galanterie font le sujet & fournissent la matiere. Les pensées en doivent être fines, les sentimens délicats, les images douces, le style léger, les vers faciles. La subtilité des réflexions, la profondeur des idées, & les tours trop recherchés y seroient des défauts. L'esprit & l'art ne doivent point y paroître; le cœur seul doit y parler. Elle tire encore un grand agrément des images & des faits mythologiques qui peuvent s'y adapter. Plusieurs de nos poëtes ont excellé dans ce genre de chansons. Nous croyons pouvoir assurer que chez aucune nation, & dans aucune langue, tant ancienne que moderne, on ne pourroit former un recueil aussi considérable de chansons dans le genre érotique, aussi délicates & aussi agréables que celui que nous présentons ici, & que nous avons formé d'après nos meilleurs auteurs.

Le genre de la chanson anacréontique ne differe de celui de l'érotique, qu'en ce que la premiere célebre également l'amour & le dieu du vin, les délices de la volupté & les plaisirs de la table. Pour ne point confondre l'ordre des matieres, nous ne plaçons ici que les chansons anacréontiques, tendres & galantes Nous renvoyons celles qui ont pour sujet Bacchus & le vin, à l'article des chansons de table.

LE SIECLE PASTORAL.

AIR: *Vous qui du vulgaire stupide.* N°. 8.

Précieux jours dont fut ornée
La jeunesse de l'univers,
Par quelle triste destinée
N'êtes-vous plus que dans nos vers !
Votre douceur charmante & pure
Cause nos regrets superflus ;
Telle qu'une tendre peinture
D'un aimable objet qui n'est plus.

La terre aussi riche que belle,
Unissoit dans ces heureux tems
Les fruits d'une automne éternelle,

Aux fleurs d'un éternel printems.
Tout l'univers étoit champêtre,
Tous les hommes étoient bergers ;
Les noms de sujet & de maître
Leur étoient encore étrangers.

Sous cette juste indépendance,
Compagne de l'égalité,
Tous, dans une même abondance,
Goûtoient même tranquillité :
Leurs toits étoient d'épais feuillages,
L'ombre des saules leurs lambris ;
Les temples étoient des bocages,
Les autels des gazons fleuris.

Ils ignoroient les arts pénibles,
Et les travaux nés du besoin;
Des arts enjoués & paisibles
La culture fit tout leur soin.
La tendre & touchante harmonie
A leurs jeux doit ses premiers airs ;
A leur noble & libre génie,
Apollon doit ses premiers vers.

On ignoroit dans leurs retraites

Les noirs chagrins, les vains désirs,
Les espérances inquietes,
Les longs remords, des courts plaisirs :
L'intérêt au sein de la terre
N'avoit point ravi les métaux ;
Ni soufflé le feu de la guerre
Ni fait des chemins sur les eaux.

Les pasteurs dans leur héritage
Coulant leurs jours jusqu'au tombeau,
Ne connoissoient que le rivage
Qui les avoit vus au berceau :
Tous dans d'innocentes délices,
Unis par des nœuds pleins d'attraits,
Passoient leur jeunesse sans vices,
Et leur vieillesse sans regrets.

La bergere aimable & fidelle
Ne se piquoit pas de savoir ;
Elle ne savoit qu'être belle,
Et suivre la loi du devoir :
La fougere étoit sa toilette ;
Son miroir, le cristal des eaux ;
La jonquille & la violette
Étoient ses atours les plus beaux.

On la voyoit dans sa parure
Aussi simple que ses brebis :
De leur toison commode & pure
Elle se filoit des habits.
O regne heureux de la nature,
Quel dieu nous rendra tes beaux jours !
Justice, égalité, droiture,
Que n'avez-vous régné toujours !

Ne peins-je point une chimere ?
Ce charmant siecle a-t-il été ?
D'un auteur témoin oculaire
En fait-on la réalité ?
J'ouvre les fastes sur cet âge :
Par-tout je trouve des regrets ;
Tous ceux qui m'en offrent l'image
Se plaignent d'être nés après.

GRESSET.

LE RETOUR DE L'AGE D'OR.

AIR. N°. 9.

Pourquoi regretter ces beaux jours,
Où l'amour seul étoit le maître ?

Ce tems dépend de nos amours,
Et nos cœurs le feront renaître.
Aimons, aimons, nous reverrons encor
Le tems heureux de l'âge d'or.

Dans nos champs nous voyons les fleurs
Aussi belles qu'au premier âge ;
La rose a les mêmes couleurs,
Les oiseaux le même ramage.
  Aimons, &c.

Philomele, encore au printems,
Chante dans ces plaines fleuries ;
Les ruisseaux, comme aux premiers tems,
Parlent d'amour à nos prairies.
  Aimons, &c.

Zéphir, des mêmes feux épris,
Sent pour Flore une ardeur égale ;
Pour caresser les jeunes lys,
L'abeille est aussi matinale.
  Aimons, &c.
   LE PRÉSIDENT HÉNAUT.

PORTRAIT D'UNE MAITRESSE

DESIRÉE.

AIR: *Je suis Lindor, &c.* N°. 10.

D'AIMER jamais si je fais la folie,
Et que je sois le maître de mon choix;
Connois, Amour, celle qui sous tes loix
Pourra fixer le destin de ma vie.

Je la voudrois moins belle que gentille :
Trop de fadeur suit de près la beauté.
Simples attraits peignent la volupté;
Joli minois de feu d'amour pétille.

Je la voudrois moins coquette que tendre,
Sans être Agnès ayant peu de desirs;
Sans les chercher se livrant aux plaisirs,
Les augmentant en voulant s'en défendre.

Je la voudrois sans goût pour la parure,
Sans négliger le soin de ses appas;
Quelque peu d'art qui ne s'apperçoit pas,
Ajoute encore au prix de la nature.

Je la voudrois n'ayant pas d'autre envie,
D'autre bonheur que celui de m'aimer.
Si cet objet, Amour, peut se trouver,
De te servir je ferai la folie.
M. L. D. D. N.

PORTRAIT D'UN AMANT DESIRÉ.

Même air que le précédent.

Au traître Amour je me fîrois peut-être,
Si je trouvois à ma guise un amant,
Tendre & soumis sans être languissant,
Qui, bien aimé, craignît de le paroître.

Je le voudrois d'une taille agréable,
L'air gai, l'œil vif, plein d'esprit & de feu,
Qui de l'Amour ne se fît point un jeu,
Qui de tromper n'eût point l'art détestable.

D'un important qu'il n'ait point le costume
Qu'il soit sensé, mais non sur le retour;
Dans les beaux jours le flambeau de l'amour
Quand il s'éteint, d'un rien on le rallume.

De la gaîté qu'il fasse sa déesse ;
Des ris, des jeux qu'il s'occupe toujours ;
Le feu d'amour brûle un instant du jour,
Mais la gaîté nous amuse sans cesse.

Je veux le voir même au sein de l'ivresse,
Me reprocher que j'ai trop combattu,
Et si pour lui je manque à la vertu,
Qu'il m'en console à force de tendresse.
M. S....

LA STATUE DE L'AMITIÉ.

AIR : N°. 11. ou *Que ne suis-je la fougere.*

N°. 12.

AMITIÉ, ma voix t'implore,
L'amour peut-il t'égaler ?
Comme la vermeille aurore,
Tu brilles sans nous brûler.
Sur tes pas je m'abandonne :
Tu ne promets pas en vain :
L'aimable paix t'environne,
Le bonheur naît sous ta main.

Ainsi parloit Cléonice :
Elle n'avoit que quinze ans ;
Douce erreur d'une novice
Qui fait ses premiers fermens.
A l'idole qui l'enchante
Un petit temple est dressé,
Par la belle indifférente,
Soir & matin encensé.

Mais il lui faut une image
Qui lui rappelle ses traits :
Les arts pour ce digne ouvrage
Seront-ils assez parfaits ?
Elle court chez Praxitele,
Veut un chef-d'œuvre à l'instant ;
Sa chimere étoit si belle....
Son buste sera charmant.

L'artiste expose à sa vue
L'amitié, mais comme elle est,
Simple, mâle, retenue,
Sans graces & sans apprêt.
L'art n'a point rendu, dit-elle,
Ses traits, son air enchanteur ;
Voulez-vous un sûr modele ?
Il est empreint dans mon cœur.

Non loin sur un lit d'albâtre
Repose un aimable enfant;
Voilà ce que j'idolâtre,
Dit-elle, en s'en emparant.
Eh quoi donc! belle ingénue,
De l'Amitié dans ce jour
Vous demandiez la statue,
Et vous emportez l'Amour.

LE PRIEUR.

LE PHILOSOPHE ANAXIMANDRE.

AIR. N°. 13.

L'ESPRIT & les talens font bien; } Bis.
Mais sans les graces ce n'est rien.

Sous le beau nom d'Anaximandre,
Chez les Grecs, un sage vivoit;
Chacun accouroit pour l'entendre,
Athene en foule le suivoit.
La profondeur & la justesse
Se rencontroient dans ses discours;
Mais pour plaire aux yeux des amours,

Il faut de la délicateſſe.
　L'eſprit & les talens, &c.

Le philoſophe Anaximandre
Aux belles offrit ſon encens ;
Car les ſavans ont le cœur tendre,
Et tout philoſophe a des ſens.
Les Athéniennes volages
Rejetterent ſes tendres vœux,
Et de frivoles amoureux
Virent accepter leurs hommages.
　L'eſprit & les talens, &c.

Piqué de les trouver rebelles,
Il fut s'en plaindre chez Platon ;
Platon étoit l'ami des belles,
Et même des rois, nous dit-on.
Il humaniſoit ſon génie ;
Il brilloit à ſoupé le ſoir ;
Et malgré ſon profond ſavoir,
Il étoit bonne compagnie.
　L'eſprit & les talens, &c.

Apprenez - moi, mon cher confrere,
Dit le ſage diſgracié,

Comment chez vous, à l'art de plaire,
Le génie est associé;
Je veux me former sur vos traces;
Votre conseil sera ma loi.
Eh bien, dit Platon, croyez-moi,
Mon cher, sacrifiez aux graces.
 L'esprit & les talens, &c.

Dans une chapelle voisine
Anaximandre s'en alla.
Aglaé, Thalie, Euphrosine
Sourirent en le voyant là.
Il fut initié par elles,
Dans leurs mysteres enchanteurs;
Il revint couronné de fleurs,
Et ne trouva plus de cruelles.
 L'esprit & les talens, &c.

La métamorphose soudaine,
Du sage fit l'homme du jour;
Les bonnes fortunes d'Athenes
Vinrent l'accueillir tour-à-tour:
Et quand il trouvoit sur ses traces
Quelque pédant de mauvais ton,
Il lui disoit: croyez Platon,

Mon cher, sacrifiez aux graces.
L'esprit & les talens, &c.
FRANÇOIS DE NEUCHATEAU.

LA ROSE.

AIR : *De l'oiseau qui t'a fait envie*. N°. 14.

Au matin, dans les prés de Flore,
La rose à l'instant de s'ouvrir,
Attend que la vermeille aurore,
Sur son char amene Zéphir.
Sous une enveloppe rebelle
Elle est sans éclat, sans odeur ;
Tel est le néant d'une belle
Avant qu'amour ouvre son cœur.

Zéphire vient, sourit, voltige
Autour de cette aimable fleur ;
Elle s'anime, & sur sa tige
Elle a repris plus de vigueur :
Du Zéphir l'haleine craintive
Dispose son cœur à s'ouvrir,
Et déjà la tendre captive
Sent qu'elle va s'épanouir.

Mais, hélas ! d'un pas trop rapide,
Le soleil acheve son tour,
Et va dans l'élément liquide
Éteindre le flambeau du jour:
Sur sa tige la fleur penchée,
Loin de lui perd tous ses attraits;
Et bientôt, pâle & desséchée,
S'éclipse à nos yeux pour jamais.

Un doux souvenir la console
D'avoir vécu si peu d'instans ;
D'une existence qui s'envole,
Elle a su charmer les momens.
Imitez-la, belle Silvie ;
Livrez votre cœur aux amours ;
S'ils n'éternisent pas la vie,
Ils en adoucissent le cours.

L'EMPIRE DE L'AMOUR.

AIR: N°. 15.

Un jour me demandoit Hortense,
Où se trouve le tendre Amour?
Par-tout, lui dis-je, est sa puissance,

Dans tous les lieux est son séjour.
Monté sur le char de l'Aurore,
Il ouvre les portes du jour ;
Par lui le soleil se colore,
S'allume & s'éteint tour-à-tour.

Amant de toute la nature,
Il bondit avec les troupeaux ;
Avec les ruisseaux il murmure,
Il ramage avec les oiseaux ;
Avec la simple violette
Il se cache sous le gazon :
C'est lui qu'attrape une fillette
Sous la forme d'un papillon.

C'est son haleine bienfaisante
Qu'on respire dans une fleur ;
Il orne la rose naissante
De son éclat, de sa fraîcheur.
Mais de notre plus tendre hommage,
Quand ce dieu veut s'assurer mieux,
Jeune Hortense, il prend votre image,
Et se place dans vos beaux yeux.

L'AMOUR

L'AMOUR CAPTIF.

AIR: *Sous un ormeau.* N°. 16.

Dans un détour,
Me promenant au bois un jour,
J'apperçus l'Amour
Assis auprès d'un tilleul,
Seul.
A l'aspect du trompeur
Je recule en tremblant de frayeur ;
Mais il a l'air si doux !
Qu'ai-je à craindre ? Approchons... sauvons-nous.
O fort heureux !
Le traître dort : tout fert mes vœux ;
Ses yeux dangereux
Sont couverts d'un voile épais...
Paix !

Pour lui prendre ses traits,
Dans ces lieux tenons-nous aux aguets.
Essayons-y par-là :
Je pourrai... doucement... les voilà !

Ne tardons pas ;
Pour l'enchaîner formons des lacs
Mais que fais-je, hélas !
S'il s'éveilloit !... Non, il dort
Fort.

Rassurons nos esprits :
Serrons-le dans ces nœuds... il est pris.
Le cruel aussi-tôt
Fait un cri, se réveille en sursaut ;
Tyran des cœurs,
Reçois le prix de tes rigueurs
Je ris de tes pleurs ;
Dans mes liens
Je te tiens,
Viens.

Il répond en ces mots :
Écoutez mes soupirs, mes sanglots :
Je suivrai votre loi ;
Je vous jure un respect... Lâchez-moi.
Tu me promets
De ne troubler jamais, jamais
La tranquille paix,
Dont jusqu'ici

J'ai joui ? ---
Oui.

Pourquoi faire captif
Un enfant qui paroît si naïf ?
Je le fais trop souffrir ;
Délions... Je me sens attendrir.
Tu m'as lâché,
Me dit l'Amour d'un air touché,
Et d'un trait caché
L'ingrat, hélas !
Me perça.
Ah !

Tout mon sang se troubla ;
Le perfide, en riant, s'envola.
Je me sens pénétrer
D'une ardeur... & ne puis respirer.
Voilà comment
L'Amour content
Tient son serment.
Ah, dieux ! quel tourment !
Ainsi que lui tout amant
Ment.

FAVART

LES FLECHES DE L'AMOUR.

Air: N°. 17.

D'un ruisseau qui coupoit la plaine,
Mes pas suivoient chaque détour,
Et bientôt sa course m'entraîne
Près d'un bois où dormoit l'Amour.

Ses traits, sur un tapis de mousse,
Sont répandus à ses côtés;
Qu'un autre que moi les émousse;
J'aime jusqu'à leurs cruautés.

Mais voyant leur plume légere
Différer en tout à mes yeux,
Je m'occupe de ce myftere
Dont mon esprit est curieux.

L'Amour s'éveille; je friffonne :
Ami, dit-il, avec bonté,
De ce prodige qui t'étonne,
Tu vas percer l'obscurité.

Ai-je à frapper l'ame inquiete
De quelqu'amant sombre & jaloux,
Je choisis alors la sagette
Où sont les plumes des hiboux.

Pour le disciple d'Épicure
Le sentiment est sans attraits :
Quand je lui fais une blessure,
Les moineaux ont paré mes traits.

L'aiglon est pour le téméraire ;
Le serin pour les beaux conteurs ;
Pour le fat, toujours sûr de plaire,
Du paon j'emprunte les couleurs.

Veux-je blesser un cœur fidele,
Fait pour aimer bien constamment ?
La plume de la tourterelle
A ma fleche sert d'ornement.

Regarde-là, vois, qu'elle est belle !
Sur tous mes traits elle a le prix...
Ah ! m'écriai-je, Amour, c'est celle
Dont tu m'as blessé pour Iris !

B R E T.

LE CROC-EN-JAMBES
DE L'AMOUR.
AIR: N°. 18.

D'un air badin
Sur l'herbette nouvelle,
Tournoit avec Isabelle
Le jeune Colin :
A ce badinage
L'Amour les engage,
Et ce petit dieu
Conduisoit le jeu.

L'enfant malin
Dans les pas d'Isabelle
Entrelace d'un coup d'aile
Les pas de Colin :
Le berger chancelle,
Et tombe avec elle ;
L'Amour applaudit,
Et le jeu finit.

LA CHASSE AUX AMOURS.

AIR: N°. 19.

Deux bergeres pour faire usage
De l'amusement des beaux jours,
Alloient chasser dans le bocage
Les oiseaux qu'on appelle amours.

Doris, d'une course rapide,
Osa sans crainte en approcher;
Églé, d'un pas lent & timide,
Dans un buisson fut se cacher.

De filets l'une environnée
Vouloit enlever tout l'essaim;
L'autre, dans ses vœux plus bornée,
N'avoit qu'une cage à la main.

Bientôt, autour de nos bergeres,
Tout le peuple ailé répandu,
Vola sur les branches légeres
Du piege qu'on avoit tendu.

Doris en vit approcher mille;

Aucun d'eux ne se hasarda.
Dans sa cage, Églé plus habile,
En prit un seul & le garda.

LES QUATRE COINS.

AIR: N°. 20.

LA jeune Iris, la fleur de nos campagnes,
Un certain soir, dans la belle saison,
Voulut au bois, avec quelques compagnes,
Aux quatre coins jouer sur le gazon.
Il leur manquoit encor un personnage ;
L'Amour dormoit sous un chêne étendu ;
Iris le crut un berger du village ;
La pauvre enfant ne l'avoit jamais vu.

Elle l'éveille ; il boude, il se chagrine,
Et ne veut point jouer à ce jeu-là.
Plus il se fâche, & plus on le lutine :
Ah ! le fripon ne vouloit que cela.
Il cede enfin ; mais bientôt à Colette
Avec adresse il vole les rubans,
La bague à Lise, à Cloé la houlette,
La jeune Iris laisse attraper ses gans.

Le jeu fini, chaque belle en colere
Veut ses bijoux ; l'Amour veut un baiser.
La nuit survient, chacune craint sa mere ;
Avec l'Amour il fallut composer.
Depuis ce tems on dit qu'Iris soupire :
Cloé rougit ; Lise baisse les yeux ;
Colette rêve, & toutes semblent dire,
Qu'avec l'Amour tous jeux sont dangereux.

LA BORDE.

VOL DES FLECHES DE L'AMOUR.

AIR : N°. 21.

Diane un jour dans un bois sombre,
Vit Cupidon dormir à l'ombre :
Me voilà donc maîtresse de son sort !
Vengeons-nous-en tandis qu'il dort.
Tous les mortels versent des larmes
Pour ses appas vains & trompeurs ;
Si je lui peux voler ses armes,
Je rends la paix à tous les cœurs.

Pour satisfaire sa vengeance,
Soudain sans bruit elle s'avance ;

B. V.

Et dérobant à ce dieu son carquois,
Fut le dire aux nymphes des bois :
Un doux transport à ces nouvelles,
Vers le dormeur les fait courir ;
Réveillez-vous, lui dirent-elles,
L'Amour toujours perd à dormir.

Du tendre enfant le sommeil cesse ;
Quelque douleur d'abord le presse ;
Et se voyant dépouillé de ses traits,
Son cœur forme quelques regrets.
Mais oubliant bientôt sa peine,
Croit-on, dit-il, braver mes loix ?
Allez, allez, les yeux d'Ismene
Me vaudront mieux que mon carquois.
PANNARD.

L'AMOUR FOUETTÉ.

AIR : N°. 17, 19.

JUPITER prête-moi ta foudre
S'écria Lycoris un jour :
Donne, que je réduise en poudre
Le temple où j'ai connu l'Amour.

Alcide, que ne suis-je armée
De ta massue & de tes traits,
Pour venger la terre alarmée,
Et punir un dieu que je hais !

Médée, enseigne-moi l'usage
De tes plus noirs enchantemens;
Formons pour lui quelque breuvage
Égal au poison des amans.

Ah ! si dans ma fureur extrême,
Je tenois ce monstre odieux !....
Le voilà, lui dit l'Amour même,
Qui soudain parut à ses yeux.

Venge-toi; punis, si tu l'oses...
Interdite à ce prompt retour,
Elle prit un bouquet de roses,
Pour donner le fouet à l'Amour.

On dit même que la bergere,
Dans ses bras n'osant le presser,
En frappant d'une main légere,
Craignoit encor de le blesser.

BERNARD.

A MAD....

AIR: *J'aime une ingrate beauté.* N°. 22.

L'AUTRE jour prenant le frais,
Vous dormiez sur la fougere;
L'Amour voyant tant d'attraits,
De loin vous prit pour sa mere :
　S'approchant de plus près,
　Il dit : ce n'est point elle ;
　Ce sont les mêmes traits,
　Mais Vénus est moins belle.

A MAD....

AIR : *Nous sommes précepteurs d'amour.*
N°. 23.

IRIS, Thémire & Danaé
Ont en vain reçu mon hommage ;
N'en doutez point, belle Aglaé,
Jamais mon cœur ne fut volage.

Iris parle si tendrement,

Mon cœur est si foible & si tendre,
Que je croyois même en l'aimant,
Vous voir, vous parler, vous entendre.

Un sourire engageant & doux
M'enflamma bientôt pour Thémire,
J'ignorois qu'un autre que vous
Pût aussi finement sourire.

Danaé s'offrit dans le bain :
Qu'on est aveugle quand on aime ;
Aux lys répandus sur son sein,
Je ne crus voir qu'Aglaé même.

Ainsi dans les plus doux plaisirs
Je cédois à vos seules armes ;
Mon cœur ne formoit des desirs
Que par l'image de vos charmes.

PAR M. L. C. D. E.

L'HEUREUSE ERREUR.
Même air que le précédent.

Qu'importe à mes tendres desirs
Qu'Iris soit coquette ou sincere !
Tout ce qui m'offre des plaisirs,
N'est-il pas en droit de me plaire ?

Pourquoi, dans nos amusemens,
Chercher tant de délicatesse ?
L'erreur nourrit nos sentimens :
Souvent la vérité les blesse.

L'Amour n'est qu'une fiction,
Une fable aimable & légere :
Heureux qui, sans réflexion,
Peut se prêter à sa chimere !

Une belle est comme une fleur,
Dont on chérit la découverte :
Si-tôt qu'elle ouvre trop son cœur,
Elle nous annonce sa perte.

De l'art séduisant de charmer,

On ne m'entendra pas me plaindre.
Qu'importe qu'on sache m'aimer,
Pourvu que l'on sache bien feindre !
   DE LA GARDE.

DANGER DE RÉVEILLER L'AMOUR.

AIR: N°. 24.

Dans un bois solitaire & sombre,
Je me promenois l'autre jour :
Un enfant y dormoit à l'ombre ;
C'étoit le redoutable Amour.

J'approche, sa beauté me flatte ;
Mais j'aurois dû m'en défier :
J'y vis tous les traits d'une ingrate,
Que j'avois juré d'oublier.

Il avoit la bouche vermeille,
Le teint aussi beau que le sien.
Un soupir m'échappe, il s'éveille :
L'Amour se réveille de rien.

Aussi-tôt déployant ses ailes,

Et faisissant son arc vengeur,
D'une de ses fleches cruelles
En partant il me blesse au cœur.

Va, dit-il, aux pieds de Silvie
De nouveau languir & brûler ;
Tu l'aimeras toute ta vie,
Pour avoir osé m'éveiller.

DE LA MOTTE.

Sur le même sujet que le précédent.

AIR: N°. 25.

JE trouve un jour sur l'herbette fleurie,
Un petit arc, des fleches, un carquois :
Je ne voyois pourtant dans la prairie
Aucun chasseur, & j'étois loin du bois.

D'abord j'ai peur, je m'en fuis au plus vîte ;
Puis je reviens, mais sans trop approcher :
J'avance un peu... j'examine... j'hésite.
J'avois pourtant grand desir d'approcher.

Tout à l'entour avec soin je regarde :

Je m'enhardis, me croyant sans témoin ;
A m'en saisir alors je me hasarde ;
J'aurois mieux fait de le jeter bien loin.

Je prends un trait, j'admire sa figure :
Il étoit d'or, il paroissoit charmant,
Ah! tout-à-coup je sens une blessure ;
Je fais un cri, j'entends rire à l'instant.

Ah! ah! vraiment, vous êtes curieuse,
Dit une voix ; mais à tort vous pleurez :
Une autrefois vous serez plus heureuse ;
Pour cette fois vous vous en souviendrez.

L'AMOUR MIS EN CAGE.

Air du menuet d'Exaudet. N°. 26.

POINT de bruit,
Ce réduit
Solitaire
Est propre à tendre mes rêts :
Guêtons dans ces bosquets
Les oiseaux de Cythere :
J'en aurai.

Je faurai
Leur cachette ;
Mes filets font fous des fleurs,
Un des oifeaux voleurs
S'y jette.

Je faute deffus ma prife,
En cage elle eft bientôt mife.
Quel oifeau !
Qu'il eft beau !
Quel ramage !
Je le fiffle, il vient chanter
Qu'il ne veut plus quitter
Sa cage.

Il me dit
Qu'il chérit
L'efclavage,
Mon prifonnier me fait peur ;
C'eft l'Amour, ce trompeur,
Qui dit en fon langage :
Oui, Lifon,
Qu'en prifon
L'on me tienne ;
Je ne veux ma liberté

Chansons érotiques.

Qu'après t'avoir ôté
La tienne.

LAUJON.

L'IMPRUDENTE PUNIE.

AIR: N°. 27.

Dans un bois la trop simple Annette
Trouva le dieu de Paphos,
Etendu sur le dos,
Qui se livroit au repos ;
Il dormoit, & cette follette,
D'un air naïf & distrait,
Sans en prévoir l'effet,
Prit son trait.

Sans effroi, près de lui seulette,
L'imprudente badinoit,
Tournoit & retournoit
La fleche qu'elle tenoit ;
Quand dans son cœur
Se plongea ce trait vainqueur :
Ah !
Comment est-il entré là ?

Que je sens de vives alarmes !
Dit la belle avec transport ;
Je vois trop tard mon tort.
Filles, qui craignez mon sort,
Gardez-vous de toucher ces armes ;
On retient le coup en vain,
Il glisse de la main
Dans le sein.

MÉPRISE DE L'AMOUR.

AIR: N°. 17.

VÉNUS sur la molle verdure
D'un jonc fraîchement amassé,
Reposoit sous la voûte obscure
D'un chevrefeuil entrelacé.

Le feuillage touffu d'un hêtre
Couronnoit ce sombre berceau ;
Au pied de ce trône champêtre,
Serpentoit un profond ruisseau.

Vénus dans son cryftal fidele,
Plongeoit des regards satisfaits :

Il présentoit à l'immortelle
La vive image de ses traits.

Des poissons la troupe timide
Respecte ce divin tableau :
L'habitant de la rive humide
Se cache & n'ose troubler l'eau.

Le tigre que la soif attire
Sur l'émail de ces bords fleuris,
A pas suspendus se retire,
De tant de merveilles surpris.

Depuis le lever de l'aurore
L'Amour rodoit en ces cantons,
Et n'avoit pu blesser encore
Que des oiseaux & des moutons.

Il démêle enfin la déesse
Au travers du feuillage épais,
Il prend son arc, tire & la blesse
Du plus meurtrier de ses traits.

Perfide enfant ! s'écria-t-elle,
D'où vient contre moi ta fureur ?

Je vous prenois pour Isabelle,
Dit l'Amour, pardonnez l'erreur.

LA CHAPELLE DE VÉNUS.
AIR: N°. 28.

Sortant de l'humide séjour,
Vénus fut conduite à Cybele ;
C'étoit pour plier l'immortelle
A l'étiquette de la cour.
Au ton grave de son modele,
Pouvoit-elle se conformer ?
L'art de plaire & de tout charmer,
Est la dignité d'une belle. ⎬ *Bis.*

C'étoit toujours nouveau chagrin :
La majesté d'une déesse
Ne permet pas qu'au jour paroisse
L'albâtre arrondi d'un beau sein.
Fuyant sa tutrice incommode,
Vénus s'échappe un jour des cieux,
Pour chercher un climat heureux, ⎬ *Bis.*
Où les appas soient plus de mode.

Elle fixe ses pas errans

Auprès d'un temple de Cybele ;
Une indulgence solemnelle
Le remplissoit de pénitens.
Voyant une foule si grande,
Un projet lui vint aussi-tôt :
C'est d'arrêter chaque dévot, ⎫
Et de s'appliquer son offrande. ⎭ *Bis.*

Un simple autel naît dans les champs,
Des fleurs font toute sa richesse ;
Mais Vénus en est la prêtresse,
Et les Amours les desservans.
La foule avec idolâtrie
A son oratoire se rend :
C'est que le cœur est bien fervent, ⎫
Lorsque c'est la beauté qu'il prie. ⎭ *Bis.*

Cybele, sans adorateurs,
N'avoit pas même un sacrifice ;
Ah ! lui dit un jeune novice,
Il n'est plus de foi, ni de mœurs :
Faut-il qu'émule de Cybele
Vénus entraîne les passans ?
Pour le temple il n'est plus d'encens, ⎫
Ils brûlent tout à la chapelle. ⎭ *B.*

LE PRIEUR.

LES BIZARRERIES DE L'AMOUR.

AIR: N°. 29.

L'ART à l'amour est favorable,
Et sans art l'amour sait charmer;
A la ville on est plus aimable;
Au village on sait mieux aimer.
   Ah! pour l'ordinaire,
   L'amour ne sait guere
Ce qu'il permet, ce qu'il défend,
C'est un enfant, c'est un enfant.

Ici, de la simple nature,
L'amour fuit la naïveté;
En d'autres lieux, de la parure,
Il cherche l'éclat emprunté.
   Ah! pour l'ordinaire, &c.

Souvent une flamme chérie
Est celle d'un cœur ingénu;
Souvent par la coquetterie
Un cœur volage est retenu.
   Ah! pour l'ordinaire, &c.

A voltiger de belle en belle,
On perd souvent l'heureux instant,
Souvent un berger trop fidele
Est moins aimé qu'un inconstant.
 Ah! pour l'ordinaire, &c.

L'Amour, suivant sa fantaisie,
Ordonne & dispose de nous :
Ce dieu permet la jalousie,
Et ce dieu punit les jaloux.
 Ah! pour l'ordinaire, &c.

A son caprice on est en butte;
Il veut les ris, il veut les pleurs :
Par les rigueurs on les rebute,
On l'affoiblit par les faveurs.
 Ah! pour l'ordinaire, &c.
J. J. ROUSSEAU.

QUATRAIN.

AIR: *Nous sommes précepteurs d'amour.*
N°. 23.

ON met l'Amour au rang des dieux;
J'avois cru long-tems cette fable.

Églé m'a fait sentir ses feux,
Ce n'est pas un dieu, c'est un diable.

BORDES.

ASYLE DONNÉ A L'AMOUR.

AIR: N°. 30.

Un enfant plein de charmes
Hier vint m'embrasser,
Et me dit tout en larmes :
On vient de me chasser.
L'inconstante Lucile
M'accable de froideur :
Ah ! je n'ai plus d'asyle,
Berger, que dans ton cœur.

N'en es-tu pas le maître ?
Lui dis-je, en soupirant.
Viens, donne un nouvel être
Au plus fidele amant.
A ces mots, de mon ame
Il s'empare en vainqueur,
Et j'ai senti sa flamme
Redoubler mon ardeur.

Amour, reste sans cesse
En dépôt dans mon cœur;
Flatte encor ma tendresse
Par l'espoir du bonheur.
Un jour si l'infidele
Retournoit à ta loi,
Pour moi fais auprès d'elle
Ce que j'ai fait pour toi.

LES OFFRES DE L'AMOUR.

AIR : *J'aime une ingrate beauté.* N°. 22.

L'AMOUR venant m'embrasser
Dans un bosquet solitaire,
Dit: je veux récompenser
Ton cœur fidele & sincere :
 Mon pouvoir partagé
 Va faire ton salaire ;
 Vois, dans tout ce que j'ai,
 Ce qui pourroit te plaire.

Ton cœur veut-il voltiger ;
Je t'abandonne mes ailes.
--- Non, je ne veux point changer,

J'aime la belle des belles.
--- Accepte donc mes traits.
--- Eh! qu'en pourrois-je faire?
Je renonce aux attraits
De toute autre bergere.

--- Mon flambeau te plaît-il mieux?
--- J'ai tout son feu dans mon ame;
Pour moi l'objet de mes vœux
Brûle de la même flamme.
Que puis-je desirer?
N'ai-je pas la richesse,
Quand je fais soupirer
Mon aimable maîtresse?

--- Je n'ai plus que mon bandeau,
Dit l'Amour, avec colere.
--- C'est le présent le plus beau
Que ta main puisse me faire.
Si d'infidélité
Ma bergere est capable,
Qu'il m'ôte la clarté,
Et cache la coupable.

✱

L'AMOUR CHASSEUR.

AIR: *Du Maréchal, tôt, tôt, tôt.* N°. 31.

L'AMOUR est un vrai Braconnier,
On perd son tems à l'épier;
Il met en défaut les Minerves,
Il chasse de jour & de nuit :
Ses fusils ne font pas de bruit,
Il va dans toutes les réserves.
   Chut, chut, chut,
    Droit au but
    Ce dieu tire ;
Mais ce n'est jamais pour détruire.

Fillettes, craignez ce chasseur,
Sa finesse est dans sa douceur :
Il n'est soumis que pour surprendre,
Il peint tous les objets en beau ;
Le bonheur lui tient lieu d'apeau ;
Un cœur naïf s'y laisse prendre.
   Doux, doux, doux,
    Tous ses coups
    Vous caressent ;
Mais en caressant ils vous blessent.

Quand il pourſuit une beauté,
Il ſuit avec avidité
D'un pied léger la trace empreinte :
Pour Gaulis, il a des berceaux,
Pour cors-de-chaſſe des oiſeaux,
Et le myſtere pour enceinte.
   Bas, bas bas,
   Pas à pas
   En ſilence
Il marque ſa place & s'élance.

L'AMITIÉ, CONSOLATION
DE LA VIEILLESSE.

AIR: *Que ne ſuis-je la fougere.* N°. 12.

QUAND la vieilleſſe commence,
La douceur de ſoupirer
Eſt l'unique jouiſſance
Qu'il ſoit permis d'eſpérer.
L'amour fuit, l'amitié tendre
Oſe alors lui reſſembler,
Mais trop peu pour rien prétendre,
Aſſez pour nous conſoler.

Adieu, folle & douce ivreſſe,

Que je pris pour le bonheur.
J'eus des sens dans ma jeunesse,
Il me reste encore un cœur.
Que celle à qui je le donne
Daigne en approuver l'ardeur,
Je dirai : mes jours d'automne
Ont encor quelque chaleur.

Pour l'amour, tout est martyre,
Enthousiasme ou fureur ;
Pour l'amitié qui soupire,
Tout est plaisir & faveur.
Églé regne sur mon ame,
Sans en troubler le repos,
Et mes desirs & ma flamme
N'alarment point mes rivaux.

Je la verrai poursuivie
Par la foule des Amours ;
Et le déclin de ma vie
Jouira de ses beaux jours.
Tel, sur sa tige inclinée,
Un vieux chêne de cent ans,
Croit renaître chaque année
Avec les fleurs du printems.

MOREAU.

LA FEMME ET LE PHILOSOPHE,

DIALOGUE.

AIR : *L'avez-vous vu mon bien aimé ?*

N°. 32.

LE PHILOSOPHE.

Pour la raison c'est un poison
    Que d'avoir l'ame tendre.
LA FEMME.
De ce poison, n'a pas raison
    Qui cherche à se défendre.
LE PHILOSOPHE.
Douce raison ! triste poison !
LA FEMME.
Charmant poison ! triste raison !
LE PHILOSOPHE.
Point de poison : à la raison
    Il faut bien qu'on se rende.
LA FEMME.
Point de raison : c'est du poison,
    Monsieur, qu'on vous demande.

LE CH. DE BOUFFLERS.

LE LOGEMENT DE L'AMITIÉ.

AIR: *La lumiere la plus pure.* N°. 33.

L'AMITIÉ n'est pas facile
Sur le choix d'un logement;
Elle aime un séjour tranquille
Pour converser librement :
Le plus beau manoir l'ennuie,
Quand elle y voit du vernis;
Du haut du bas ennemie,
Elle veut des lieux unis.

Son déplaisir est extrême
Dans un lieu sombre & couvert;
Le grand jour est ce qu'elle aime;
Par-tout elle veut voir clair :
D'une architecture folle
Méprisant les vains rapports,
Elle défend qu'on immole
L'intérieur au dehors.

Jamais pour sa résidence
Nul endroit n'est destiné,

Qu'il ne soit par sa prudence
Mûrement examiné :
Telle est enfin sa maniere,
Qu'il ne faut dans son séjour
Point de porte de derriere,
De recoin, ni de détour.

Mais lorsque le sort propice
Lui fait trouver une fois
Un bon & commode hospice,
Un lieu digne de son choix ;
Elle en fait son domicile,
Et son cœur s'y plaît si fort,
Que souvent dans cet asyle
On la voit jusqu'à la mort.

Cupidon, tout au contraire,
Sans rien voir, loge en tout lieu ;
Mais il n'y séjourne guere :
Vîte il part, sans dire adieu :
Le terme de vingt-quatre heures
Lui suffit, & l'étourdi
Fait quelquefois six demeures
Du dimanche au samedi.

INCONVÉNIENS DE L'AMOUR
ET DE L'AMITIÉ.
Air des Triolets. N°. 34.

QUAND l'amitié devient amour,
Adieu le repos de la vie :
On est tourmenté nuit & jour,
Quand l'amitié devient amour.
Craignons quelque fâcheux retour ;
Fuyons la douce sympathie ;
Quand l'amitié devient amour,
Adieu le repos de la vie.

Quand l'amour devient amitié,
Adieu le charme de la vie :
Quelle tiédeur, quelle pitié,
Quand l'amour devient amitié !
En vain l'estime est de moitié ;
Au sein de la gloire, on s'ennuie.
Quand l'amour devient amitié,
Adieu le charme de la vie.

DE LA LOUPETIERE.

PARALLELE DE L'AMOUR ET DE L'AMITIÉ.

AIR: N°. 35.

ON jouit, on s'amuse à tout âge ;
Sur le goût le plaisir est formé.
J'ai goûté dans un tendre esclavage
Le plaisir d'aimer & d'être aimé :
   Aujourd'hui suis-je moins charmé
De la tendre amitié qui m'engage ?
On jouit, on s'amuse à tout âge ;
Sur le goût le plaisir est formé.

De l'Amour quand j'étois la conquête,
Mon bonheur étoit moins affermi ;
Exposé sans cesse à la tempête,
Un amant n'est heureux qu'à demi.
   Dans les délices d'un ami,
La raison n'est point un trouble-fête.
   De l'Amour, &c.

J'aime assez les roses sans épines ;
Je m'en tiens aux plaisirs sans tourmens :
Les soucis & les humeurs chagrines,

Trop souvent affligent les amans.
Les amis de leurs sentimens
Ont banni ces vapeurs enfantines.
J'aime assez, &c.

Les transports d'une amoureuse flamme
Sont charmans, mais ils durent trop peu.
Un amant glace, comme il enflamme ;
En amour ce contraste est un jeu.
L'amitié sent bien moins de feux ,
Mais elle a plus de force & plus d'ame.
Les transports, &c.

L'amour craint la censure publique :
Il se tait, & soupire tout bas :
Il gémit sous les loix tyranniques
Des Argus attachés sur ses pas.
L'amitié ne se gêne pas ,
Sa candeur affronte la critique.
L'amour craint, &c.

AVANTAGES DE L'UNION
DE L'AMOUR AVEC L'AMITIÉ.

AIR: *Vive le vin ! vive l'amour !* N°. 36.

Vive l'Amour ! vive sa sœur !
Tous deux rassemblés dans mon cœur,
Ils font le destin de ma vie.
De tous deux mon ame ravie
Tient ses plaisirs & ses douleurs :
Lorsque l'Amour me fait verser des pleurs,
C'est l'Amitié qui les essuie.

GINGUENÉ.

LE RUISSEAU.

AIR: N°. 37.

Ruisseau, qui baigne cette plaine,
Je te ressemble en bien des traits :
Toujours même penchant t'entraîne,
Le mien ne changera jamais.

Ton murmure flatteur & tendre

Ne cause ni bruit ni fracas :
Plein du souci qu'amour fait prendre,
Si j'en murmure, c'est tout bas.

Rien n'est dans l'empire liquide
Si pur que l'argent de tes flots :
L'ardeur, qui dans mon sein réside,
N'est pas moins pure que tes eaux.

Des vents, qui font gémir Neptune,
Tu brave les coups redoublés :
Des jeux cruels de la fortune,
Mes sens ne sont jamais troublés.

Je ressens pour ma tendre amie
Cet amoureux empressement
Qui te porte vers la prairie,
Que tu chéris si constamment.

Quand Thémire est sur le rivage,
Dans tes eaux on voit son portrait ;
Je conserve aussi son image ;
Dans mon cœur elle est trait pour trait.

Tu n'as point d'embûche profonde ;
Je n'ai point de piege trompeur ;

On voit jusqu'au fond de ton onde,
On lit jusqu'au fond de mon cœur.

Au but, prescrit par la nature,
Tu vas d'un pas toujours égal,
Jusqu'au tems où, par sa froidure,
L'hiver vient glacer ton cristal.

Sans Thémire je ne puis vivre ;
Mon but à son cœur est fixé ;
Je ne cesserai de la suivre,
Que quand mon cœur sera glacé.

PANNARD.

LA ROSE.
AIR: N°. 38.

TENDRE fruit des pleurs de l'Au-
  rore,
Objet des baisers du Zéphyr ;
Reine de l'empire de Flore,
Hâte-toi de t'épanouir.

Que dis-je ? hélas ! differe encore,

Diffère un moment à t'ouvrir ;
Le jour qui doit te faire éclore,
Est celui qui doit te flétrir.

Thémire est une fleur nouvelle,
Qui doit subir la même loi :
Rose, tu dois briller comme elle,
Elle doit passer comme toi.

Descends de ta tige épineuse,
Viens la parer de tes couleurs ;
Tu dois être la plus heureuse,
Comme la plus belle des fleurs.

Va, meurs sur le sein de Thémire,
Qu'il soit ton trône & ton tombeau.
Jaloux de ton sort, je n'aspire
Qu'au bonheur d'un trépas si beau.

L'amour aura soin de t'instruire
De quel côté tu dois pencher.
Éclate à mes yeux sans leur nuire ;
Pare son sein sans le cacher.

Si quelque main a l'imprudence
D'y venir troubler ton repos,

Emporte avec toi ta défense,
Garde une épine à mes rivaux.

Qu'enfin elle rende les armes
Au dieu qui forma mes liens,
Et qu'en voyant périr tes charmes,
Elle apprenne à jouir des siens.

BERNARD.

LE PAPILLON.

AIR: N°. 39.

PAPILLON, ton penchant volage
Te porte à tout, sans t'arrêter;
Tu voltiges, rien ne t'engage:
Ah! que ne puis-je t'imiter!

De l'Amour tu n'as que les ailes,
Ce dieu me retient dans ses fers:
Tu ne trouves point de cruelles,
C'est une ingrate que je sers.

Chaque fleur que ton cœur desire
Est prête à servir tes plaisirs;

Que ne vois-je, hélas! ma Thémire,
Recevoir ainsi mes soupirs!

Le soleil ouvre sa carriere,
C'est pour éclairer ton bonheur;
Dès qu'il a frappé ma paupiere,
Il est témoin de ma douleur.

Chaque jour plus chéri de Flore,
Tu lui fais de nouveaux présens;
Et la bergere que j'adore
Dédaigne toujours mon encens.

A te rendre heureux tout conspire;
Tout contre moi semble irrité:
Mais le plaisir d'aimer Thémire,
Vaut au moins ta félicité.

LA PÊCHE VOLÉE.

AIR: *Dans un verger Colinette.* N°. 40.

UNE pêche m'étoit chere;
Je la soignois de ma main:
Pomone en eût été fiere;

C'étoit l'orgueil du jardin ;
Pour l'offrir à ma bergere,
Un jour je la cherche en vain.

Mais sur ce vol téméraire,
Bientôt mon cœur se fit jour :
C'étoit le dieu de Cythere,
Qui m'avoit joué ce tour ;
Et la charmante Glycere
Fut complice avec l'Amour.

Tout dit qu'elle a de ma pêche
Recélé l'heureux larcin :
Oui, sur sa peau blanche & fraîche,
On en voit le duvet fin ;
Les deux moitiés de ma pêche
Ont arrondi son beau sein.

Sur sa joue ronde & pleine,
Ma pêche a mis sa couleur ;
De ma pêche son haleine
A le parfum si flatteur ;
Et le noyau, pour ma peine,
Se retrouve dans son cœur.

LE TOURTEREAU TUÉ

A LA CHASSE.

AIR : *Vous qui du vulgaire stupide.* N°. 8.

Cœur pur où régnoit l'innocence,
Touchante image du bonheur,
Modele heureux de la constance,
Symbole ailé de la douceur !
D'un plomb que le salpêtre anime,
Tu reçois le coup dans tes flancs ;
Tu meurs, hélas ! triste victime
De nos cruels amusemens.

J'ai vu... J'ai vu ta jeune amante,
Sensible au coup qu'on t'a porté,
S'éloigner d'une aile tremblante,
Et fuir d'un vol précipité.
Heureuse, si la main cruelle,
Sous qui tu tombas expirant,
L'eût par une atteinte mortelle,
Rejointe à son fidel amant !

Je la suivis dans un bocage,

Où, s'enivrant de ses douleurs,
Son triste & douloureux ramage,
A mes yeux arracha des pleurs :
De l'écho la nymphe attendrie,
Répéta ses tendres accens ;
Écoute-les, ombre chérie,
Je les retins, je te les rends.

« Ainsi l'on t'enleve à ma flamme ?
» Ainsi s'éteignent nos amours !
» La mort, sans respecter leur trame,
» A pu trancher de si beaux jours !
» Quel crime ?... peut-être infidele...
» Non, non, tu ne la fus jamais.
» Notre tendresse mutuelle
» Servoit d'exemple en nos forêts.

» Un même jour nous donna l'être ;
» D'époux constans, gages chéris ;
» Un même berceau nous vit naître,
» Toujours heureux, toujours unis.
» L'hymen devoit, amans encore,
» Couronner nos tendres desirs,
» Quand le printems eût fait éclore
» Un sanctuaire à nos plaisirs.

» De ce témoin de ma tendresse,
» De l'arbre où je reçus ta foi,
» Entends la voix de ma tristesse,
» Ombre chérie, écoute-moi :
» Aux pleurs je consacre le reste
» Des jours destinés au bonheur :
» Tu meurs, frappé d'un coup funeste ;
» Moi, je mourrai de ma douleur. »

On sait qu'à leurs moitiés fideles,
Dans leurs tendres engagemens,
Les innocentes tourterelles
Gardent la foi de leurs fermens :
Depuis ce jour, triste, mourante,
Elle confie à nos forêts,
D'une voix plaintive & touchante,
Ses pleurs, son amour, ses regrets.

Toi, dont le souvenir si tendre
Pour jamais nourrira mon cœur,
Charmant oiseau, puisse ta cendre
Être sensible à sa douleur !
Puissé-je, au gré de ma tendresse,
Comme toi, pour t'avoir chanté,
Vivre chéri de ma maîtresse,
Et mourir aussi regretté !

LE NID DE FAUVETTES.

AIR: N°. 41 *ou* 37.

Je le tiens ce nid de fauvette :
Ils font deux, trois, quatre petits.
Depuis si long-tems je vous guette,
Pauvres oiseaux, vous voilà pris.

Criez, sifflez, petits rebelles,
Débattez-vous ; oh ! c'est en vain :
Vous n'avez pas encor des ailes ;
Comment vous sauver de ma main ?

Mais quoi ! n'entends-je pas leur mere,
Qui pousse des cris douloureux ?
Oui, je le vois, oui, c'est leur pere,
Qui vient voltiger autour d'eux.

Ah ! pourrois-je causer leur peine,
Moi, qui l'été, dans nos vallons,
Venois m'endormir sous un chêne
Au bruit de leurs douces chansons.

Hélas ! si du sein de ma mere,

Un

Un méchant venoit me ravir !
Je le sens bien, dans sa misere,
Elle n'auroit plus qu'à mourir.

Et je serois assez barbare
Pour vous arracher vos enfans !
Non, non, que rien ne vous sépare,
Non : les voici, je vous les rends.

Apprenez-leur, dans le bocage,
A voltiger auprès de vous ;
Qu'ils écoutent votre ramage,
Pour former des sons aussi doux.

Et moi, dans la saison prochaine,
Je reviendrai dans les vallons,
Dormir quelquefois sous un chêne,
Au bruit de leurs jeunes chansons.

BERQUIN.

LES MOINEAUX.

AIR : *Que ne suis-je la fougere*. N°. 12.

Que vous avez d'avantages,
Moineaux, dont je suis jaloux !

Vous êtes, dit-on, moins sages,
Mais bien plus heureux que nous.
Chez vous le penchant décide,
D'accord avec la raison,
Et vous n'avez point pour guide
Une importune raison.

A peine avez-vous des ailes,
Que vous êtes amoureux ;
Et dans le nid avec elles
Vous sentez croître vos feux :
Si-tôt que par la campagne
Elles peuvent vous porter,
D'une gentille compagne
Vous allez vous accoster.

S'il s'en trouve de cruelles,
Elles n'ont que des rigueurs
Qui passeroient chez nos belles
Pour les plus douces faveurs.
Si quelqu'un de vous trop tendre
Vient à perdre le respect,
On n'use pour le reprendre
Que d'un petit coup de bec.

Lachésis, dans vos bocages,

Coupe le fil de vos jours;
S'ils ont un défavantage,
C'eft celui d'être trop courts.
Si l'on mefure la vie
Par les momens les plus doux,
Moineaux, trop dignes d'envie,
Qui vit plus long-tems que vous?

L'HIRONDELLE.
Air: N°. 42.

Quand l'hirondelle,
A tire-d'aile,
Vole & rappelle
Le doux printems;
C'eft pour apprendre
A tout cœur tendre,
Que pour fe rendre
Il n'eft qu'un tems.

Quand du bel âge
Fille peu fage
Flétrit l'ufage,
Du doux plaifir

Le lys s'efface ;
L'éclat qui passe
Laisse la trace
Du repentir.

D'un cœur qui change,
Est-il étrange
Qu'Amour se venge
Par des rigueurs ?
Le tems amene
Soucis & peine :
Pour lors sa chaîne
N'est plus de fleurs.

Quand une belle,
Un peu cruelle,
Retient près d'elle
L'amant chéri !
C'est la sagesse,
Qui, par tendresse,
Pour la vieillesse
Garde un mari.

AVIS.

Air : N°. 24 ou 37.

Vous qui toujours suivez mes traces,
Et qui me cherchez avec soin,
Par-tout où vous verrez les Graces,
Croyez que l'Amour n'est pas loin.

D'un moineau près de sa fauvette
Lise admire le tendre soin ;
Elle rêve, elle est inquiete ;
Croyez que l'amour n'est pas loin.

Les premiers jours le mariage
Est un nœud charmant qui nous joint ;
Au bout d'un mois, quel esclavage !
Ah ! l'amour est déjà bien loin.

Ne vous contentez pas de plaire,
Belles, aimez à votre tour :
Les plaisirs que vous pourrez faire,
Seront bien payés par l'amour.

L'or, plus fort que grille & ferrure,

De Danaé força la tour.
Donnez, amans, avec usure
Vous serez payés par l'amour.

Mari, dont la flamme jalouse
Ne peut souffrir le moindre soin,
Si vous renfermez votre épouse,
Ce que vous craignez n'est pas loin.

Dans un bois, Tircis & Lisette
Se croyoient seuls & sans témoin :
Chacun jeta là sa houlette,
Je crois qu'amour n'étoit pas loin.

CONSEILS.

AIR : *Des simples jeux de mon enfance.*

N°. 43.

SANS vouloir trop chérir la vie,
Par nos soins sachons l'embellir ;
Mais n'ayons pas la fantaisie
De chérir toujours le plaisir.
Pour le trouver, il faut l'attendre :
Qui sans cesse court après lui,

Au moment qu'il croit le surprendre,
Souvent n'embrasse que l'ennui.

Des faux biens craignons l'imposture,
La vanité fait peu d'heureux :
Aux vrais plaisirs de la nature,
Sagement bornons tous nos vœux.
S'il se peut, de l'amour volage
Fuyons le séduisant attrait :
Trop rarement il dédommage
Des sacrifices qu'on lui fait.

Cependant, si de sa puissance
Nous ne pouvons nous garantir,
Goûtons le plaisir qu'il dispense,
En attendant le repentir.
Aux douceurs que l'amitié donne,
Qui consacre le plus d'instans,
Éprouvera que son automne
Differe peu de son printems.

Gardons-nous d'avoir la manie
De toujours prétendre à l'esprit :
Préférons l'aimable folie ;
Ne parlons point comme on écrit.
En tout évitons la contrainte ;

Aimons ces premiers mouvemens :
Que le cœur fans art & fans feinte,
Laiffe échapper fes fentimens.

Défendons à l'indifférence
De jamais glacer notre cœur :
Elle éteint toute jouiffance ;
Par elle on eft mort au bonheur.
Finiffons ; la morale ennuie,
Et de rien ne fait garantir ;
Il faut, pour jouir de la vie,
Raifonner peu, beaucoup fentir.
    MADAME SAURIN.

LA LOI D'ÉPICURE.
AIR: N°. 8.

Vous, qui du vulgaire ftupide
Voulez écarter le bandeau,
Prenez Épicure pour guide,
Et la nature pour flambeau.
Il n'invente point de fyftêmes,
Il ne fait que bannir l'erreur :
Et fi nous rentrons en nous-mêmes,
Épicure eft dans notre cœur.

La nature, prudente & sage,
N'a jamais rien produit en vain;
Nos sens ont chacun leur usage,
Et nous devons tendre à leur fin.
Pour nous l'enseigner, la nature
Nous a fait présent du desir;
Par une route toujours sûre,
Il nous mene droit au plaisir.

Mais le plaisir cesse de l'être,
Dès qu'il cesse d'être goûté :
La débauche ne peut paroître
Sans faire fuir la volupté.
Qu'accompagné de la tendresse,
L'amour soit fils du sentiment,
Et que Bacchus, laissant l'ivresse,
N'ait avec lui que l'enjoûment.

Ton cœur est épris de Thémire,
Thémire est sensible à son tour;
Tous deux, dans un commun délire,
Cueillez les roses de l'amour.
A servir l'ardeur de vos flammes,
Employez l'été de vos ans,
Et qu'à l'ivresse de vos ames,
Se joigne celle de vos sens.

Que les ardeurs de la jeuneſſe
Se temperent avec Vénus;
Que les glaces de la vieilleſſe
Se réchauffent avec Bacchus.
La vie eſt un inſtant qui paſſe,
Malgré nous il va s'envoler;
Rempliſſons-en du moins l'eſpace,
Ne pouvant pas le reculer.
SAURIN.

SYSTÊME DE PLAISIR.

AIR: N°. 44.

Vous qui cherchez le délectable,
Venez ici prendre leçon.
Je donne tout à l'agréable,
La joie eſt toujours de ſaiſon :
Je ſuis un philoſophe aimable
Qui vient corriger la raiſon.

Le plan de mon joyeux ſyſtême,
Se peut concevoir aifément;
Le plaiſir eſt le bien ſuprême :
Voilà mon unique argument.

Disputes-tu ? Ton cœur lui-même
Me sert de preuve & te dément.

Cette vérité simple & pure,
Chaque instant se présente à moi;
Toujours fidele à la nature,
Son étude est mon seul emploi :
Mes sens font la juste mesure
De ses bienfaits & de sa loi.

Tais-toi donc, orgueilleux stoïque;
Ta morale a trop de rigueur;
Ta sagesse est problématique,
Ton triste sang-froid me fait peur.
En vain à l'esprit on s'explique,
Quand on ne parle pas au cœur.

On n'apperçoit dans Aristote
Qu'embarras & qu'obscurité :
Il crut jadis, dans sa marotte,
Avoir conquis la vérité.
Laissons ce vieillard qui radote,
C'est le droit de l'antiquité.

Socrate, Platon & Séneque
Avoient des talens précieux :

Ils sont dans ma bibliotheque,
Je les ai placés de mon mieux.
Ils ont sur moi bonne hypotheque ;
Je lirai quand je serai vieux.

Les maximes les plus suivies
Ne sont pas principes certains :
Le succès, selon mon envie,
Ne répond pas à nos desseins.
Pythagore a fait des impies,
Hypocrate des assassins.

Quand je vois les plus grands d'Athenes,
Avec un respect empressé,
Courir après leur Diogene :
Quoi ! dis-je d'un ton courroucé,
Encor si la tonne étoit pleine !
Mais ce n'est qu'un tonneau percé.

Qu'apprend-on avec Héraclite,
Qui larmeie en joignant les mains ?
S'instruit-on avec Démocrite,
Qui rit des dieux & des humains ?
Le contraste est tout le mérite
De ces rivaux contemporains.

Revenons donc à mon système,

Amis, usez-en à loisir :
Éloignez-vous de tout extrême,
N'épuisez ni soif, ni desir.
Le plaisir est le bien suprême ;
Mais l'excès n'est point un plaisir.

Pardonne-moi, grand Épicure,
Si j'ose commenter ta loi :
Ne le prends pas pour une injure,
Chacun travaille ici pour soi.
Ton systême est d'après nature,
Elle m'a parlé comme à toi.

L'ÉPICURIEN.

AIR : *De tous les Capucins du monde.*

N°. 45.

JE ne suis né ni roi, ni prince,
Je n'ai ni ville, ni province,
Ni presque rien de ce qu'ils ont,
Et je suis plus content peut-être.
Je ne suis pas tout ce qu'ils font,
Mais je suis ce qu'ils voudroient être.

En vain, sans ma philosophie,
L'homme, durant toute sa vie,
Biens sur biens accumulera ;
Il faut, quoiqu'on en veuille dire,
Ne desirer que ce qu'on a,
Pour avoir tout ce qu'on desire.

Non, je ne veux point de contrainte,
Ni pour Philis, ni pour ma pinte,
Je ne veux vivre que pour moi :
Je suis partisan d'Épicure ;
Mon tempérament fait ma loi,
Je n'obéis qu'à la nature.

L'amour a des douceurs secretes,
Qui plaisent aux ames bien faites
Plus que la derniere faveur :
Cette preuve qu'on croit si sûre,
Vient bien moins du penchant du cœur,
Que des besoins de la nature.

LES TROIS PLAISIRS DE LA VIE.

AIR : *Est-il de plus douces odeurs ?* N°. 46.

J'AI cinquante ans, j'ai le desir
　De vivre en homme sage ;
J'ai consulté sur le plaisir
　Qui convient à mon âge :
En secret j'ai vu tour-à-tour,
　Sur ce point nécessaire,
Apollon, Bacchus & l'Amour :
　On ne pouvoit mieux faire.

L'Amour m'a dit : Il faut aimer,
　Et le dieu de la treille,
Qu'un berger ne doit s'enflammer
　Qu'auprès de sa bouteille.
A chanter Glycere & le vin,
　Apollon met sa gloire ;
D'où je conclus qu'il faut sans fin,
　Chanter, aimer & boire.

L'HOMME RAISONNABLE.

Air: N°. 47.

Je ne forme point de desirs
Que ceux qu'exigent les plaisirs
  Qu'on goûte dans la vie.
De ce que j'ai je fais jouir ;
Ce que je ne peux obtenir
  Me cause peu d'envie.   *Bis.*

Tous les jours je rends grace aux dieux
Des bienfaits que j'ai reçus d'eux ;
  Je ne fais nulle plainte.
Soumis aux ordres du destin,
Tranquillement j'attends ma fin,
  Sans desir & sans crainte.   *Bis.*

Le passé ne peut revenir ;
On ne peut prévoir l'avenir ;
  Du présent on est maître :
J'en jouis, sans l'approfondir ;
Les dieux m'ont formé pour jouir,
  Et non pas pour connoître.   *Bis.*

Raison, à quoi sert ton flambeau ?
Qui doit, dit-on, jusqu'au tombeau
   Éclairer l'homme sage ?
Dans notre enfance à peine il luit,
Dans la jeunesse il éblouit,
   Il s'éteint avec l'âge. *Bis.*

REPROCHE AU PLAISIR.

AIR: N°. 48.

FAUT-IL être tant volage ?
Ai-je dit au doux plaisir :
Tu nous fuis : ah, quel dommage !
Dès qu'on a pu te saisir.

Ce plaisir tant regrettable
Me répond : Rends grace aux dieux ;
S'ils m'avoient fait plus durable,
Ils m'auroient gardé pour eux.
   Madame la Comt. de Murat.

L'HOMME ACCOMMODANT.

AIR: N°. 49.

FAUT-IL boire ? faut-il aimer ?
De bon cœur à tout je me livre ;
Je me laisse aisément charmer :
Tout vin, toute beauté m'enivre.
L'homme difficile est un sot ; ⎱ *Ref.*
Trouver tout bon ; c'est le vrai lot. ⎰

Veut-on jouer ? nommez les jeux,
Bassette, échecs, piquet, quadrille ;
Le choix m'en importe fort peu ;
Vous me feriez jouer aux quilles.
   L'homme difficile, &c.

Veut-on jaser ou disputer ?
Vous pouvez choisir la matiere.
Dieux & Rois sont à respecter ;
Liberté sur le reste entiere.
   L'homme difficile, &c.

En un seul cas il est permis
De se rendre un peu difficile ;

C'est dans le choix de ses amis ;
Mais le choix fait, soyons faciles.
L'homme difficile est un sot ;
Trouver tout bon, c'est le vrai lot.

LE MOYEN D'ÊTRE HEUREUX.

AIR: N°. 50.

Que chacun de nous se livre
Aux plus aimables transports,
Et n'attendons pas, pour vivre,
Que nous soyons chez les morts :
De fleurs parons notre tête ;
Et pour mieux passer le jour,
Invitons à cette fête
Bacchus & le dieu d'Amour.

Quand notre course s'acheve,
Tous nos ébats sont cessés ;
L'eau de l'oubli nous enleve
Jusqu'à nos plaisirs passés.
L'Amour, aux royaumes sombres
Ne porte point son flambeau ;
On n'embrasse que des ombres,
Et l'on n'y boit que de l'eau.

Aux erreurs de l'efpérance
N'immolons point nos defirs ;
Le fatal inftant s'avance
Qui détruira nos plaifirs.
Profitons de fon abfence ;
Et tandis que le jour luit,
Qu'un inftant de jouiffance
Succede à celui qui fuit.

Rions de l'erreur extrême
De ce fage prétendu,
Toujours contraire à lui-même,
A fa trifteffe affidu :
Que fidele à fon fyftême,
Dans un lointain avenir,
Il cherche le bien fuprême ;
Contentons-nous d'en jouir.

L'HOMME ÉGAL AUX DIEUX
PAR LE PLAISIR.

Même air que le précédent.

L'AUSTERE philofophie,
En contraignant nos defirs,
Prétend que, dans cette vie,

Il n'est point de vrais plaisirs.
Je renonce à ce système :
Dieux n'en soyez point jaloux ;
Dans les bras de ce que j'aime,
Suis-je moins heureux que vous ?

Eh quoi ! m'avez-vous fait naître
Avec des sens superflus ?
Pour avoir le plaisir d'être,
Faut-il que je ne sois plus ?
Je renonce à ce système ;
Dieux ! n'en soyez point jaloux !
Dans les bras de ce que j'aime,
Suis-je moins heureux que vous ?

D'un bonheur imaginaire
Je ne repais point mon cœur,
Lorsque le présent peut faire
Mon unique & vrai bonheur.
Voilà quel est mon système.
Dieux ! devenez-en jaloux !
Dans les bras de ce que j'aime,
Je suis plus heureux que vous.

Attribuée au RÉGENT.

CONSEIL A THÉMIRE.

Même air que le précédent.

Vos yeux, aimable Thémire,
Lancent mille traits vainqueurs ;
Profitez de cet empire
Qu'ils vous donnent sur les cœurs.
Ce n'est pas assez de plaire,
Il faut se laisser charmer :
La gloire d'être sévere,
Ne vaut pas le bien d'aimer.

L'IMAGE DE LA VIE.

AIR : N°. 51.

Au bord d'un clair ruisseau
Une jeune bergere,
Dans sa course légere,
Regardoit couler l'eau :
Ainsi passent les jours,
Dit-elle, du bel âge ;
Et pour en faire usage,
Donnons-les aux amours,

Esclaves des desirs,
Il ne faut point attendre
Qu'on ne puisse plus prendre
Les amoureux plaisirs :
Laissons-nous enflammer
Pendant notre jeunesse ;
Lorsque son ardeur cesse,
Il n'est plus tems d'aimer.

Hélas ! comme le tems,
L'Amour porte des ailes ;
Tous les deux peu fideles,
Tous les deux inconstans :
On ne peut arrêter
Leur faveur passagere,
Et leur humeur légere
Nous dit d'en profiter.

Sans retour, sans reflux,
Quand l'onde fugitive,
A quitté cette rive,
Elle n'y revient plus :
Les charmes, les appas
Suivent les mêmes traces:
On ne voit point les Graces
Revenir sur leurs pas,

Rien ne fut fait en vain ;
Tout agit, tout defire ;
Aimer & fe le dire,
C'eſt remplir fon deſtin.
L'aurore eſt pour le jour,
Le foleil pour le monde,
Le rivage pour l'onde,
Et nos cœurs pour l'amour.

―――――――――――――――

L'AMI DU PLAISIR.

AIR: N°. 52.

JE fuis né pour le plaifir ;
Bien fou qui s'en paſſe.
Mais je ne puis le choifir :
Souvent le choix m'embarraſſe.
Aime-t-on ? J'aime foudain.
Boit-on ? J'ai le verre en main ;
Je tiens par-tout ma place.

Dormir eſt un tems perdu,
Bien fou qui s'y livre.
Sommeil, prends ce qui t'eſt dû,
Mais attends que je fois ivre :
Saifis-moi

Saisis-moi dans ce moment,
Fais-moi dormir promptement,
Je suis pressé de vivre.

Mais si quelqu'objet charmant,
Dans un songe aimable,
Vient du plaisir séduisant
M'offrir l'image agréable,
Sommeil, allons doucement;
L'erreur est, en ce moment,
Un plaisir véritable.
HAGUENIER.

LE SANS-SOUCI.

AIR: N°. 53.

Loin d'ici
Le chagrin & le souci,
C'est en racourci
Ma philosophie.
Je bannis
La tristesse & la raison;
C'est de notre vie
Le poison.

Je me ris
Des préceptes du sage :
Sans procès,
Sans femme, sans ménage,
J'ai la liberté,
La tranquillité,
J'ai de la santé,
De la gaîté.
Dans mes sens est ma béatitude :
Affranchi
De toute inquiétude,
Mon esprit
Fit toujours son étude
Des attraits de la volupté.

Par le même.

L'HEUREUX PHILOSOPHE.

AIR : *Nous autres bons villageois.* N°. 54.

JE n'ai pour toute maison
Qu'une pauvre & simple chaumiere,
Que dans le pays gascon
On nommeroit gentilhommiere :
Là, loin du bruit & du fracas,

Sans chagrin & sans embarras,
Dans une heureuse obscurité,
Je jouis de la liberté.

J'ai dans le même canton
Une vigne pour héritage :
Je prends soin de la façon,
Les Dieux bénissent mon ouvrage.
De ce bien j'use de mon mieux,
Je ne garde point de vin vieux :
La fin de mon dernier tonneau,
M'annonce toujours le nouveau.

Que la Fortune à son gré
En impose à ceux qu'elle joue :
Assis au dernier degré,
Je vois de loin tourner sa roue,
La déesse, d'un vain éclat,
Souvent revêtit un pied-plat :
Je ris de toutes ses erreurs,
Et je renonce à ses faveurs.

Trop penser est un abus,
Qui veut prévoir est misérable,
Le passé ne revient plus :
L'avenir est impénétrable,

Le préfent feul est le vrai bien :
Songeons à l'employer si bien,
Que du plaisir qui va passant,
Un autre renaisse à l'instant.

Par le même.

LE CŒUR EST FAIT POUR

LE PLAISIR.

AIR N°. 55.

Ami, tel est notre destin,
 Tout passe dans la vie.
Quand je quittai le dieu du vin,
 Je brûlai pour Sylvie.
Les muses même, trop souvent,
 Ont reçu mon hommage.
Je les redoute maintenant :
 Mais en suis-je plus sage ?

Tu te trompes, si tu le crois :
 Et la sagesse austere
Vainement fait parler des droits
 Que le desir fait taire.
Le cœur est fait pour le plaisir,

Il est jeune à tout âge :
Interdisez-lui le desir,
 Quel fera son usage ?

Espoir de succès & d'honneurs,
 Séduisante manie,
Phosphores brillans & trompeurs,
 Laissez en paix ma vie :
Contre vous je combats en vain,
 Quand la gloire vous guide :
Mais plus l'esprit se trouve plein,
 Et plus le cœur est vuide.

Froid & redoutable poison
 D'un cœur tendre & sensible,
Tyran, qu'on appelle raison,
 Que ton joug est pénible !
Lorsque sous la loi des desirs
 Je bénissois mes chaînes,
Je ne comptois que mes plaisirs :
 Tu calcules mes peines.
               DE LA PLACE.

LA MORALE DE L'AMOUR.

AIR: *Pierrot sur le bord d'un ruisseau.*

N°. 56.

Ne point s'engager sur-le-champ,
Aimer quelqu'un qui puisse être estimable,
Chercher dans un tendre penchant
Un objet moins beau que touchant :
Pour le charmer se rendre aimable,
Le lui prouver sans trop d'empressement,
Et voilà comme, & voilà justement
Comme il faut que l'on soit en aimant.

De tout caprice hors de saison,
De vains soupçons & de toute humeur noire,
Éviter le fatal poison
Pour le cœur & pour la raison :
N'être jaloux que de la gloire
D'aimer le mieux & le plus ardemment,
Et voilà comme, &c.

Vouloir que sur tous nos plaisirs
Ce soit la sagesse qui nous éclaire,
Deviner jusques aux desirs

Du tendre objet de nos soupirs :
Borner son triomphe à lui plaire,
Et son bonheur à l'aimer constamment,
Et voilà comme, &c.

    Être vif & respectueux
Auprès de la beauté qui nous engage ;
    Être sage & voluptueux,
    Plaire sans être fastueux,
    Faire parler dans son langage
Beaucoup moins l'esprit que le sentiment,
Et voilà comme, &c.

    Comme le délicat buveur
Sait ménager une liqueur charmante,
    Pour mieux goûter chaque faveur,
    Économiser son ardeur.
    Sur les foiblesses d'une amante,
Fermer les yeux, même en la soumettant,
Et voilà comme, &c.

    Varier ses amusemens,
Et des neuf sœurs savoir suivre les traces ;
    Marquer, orner tous ces momens
    Par quelques nouveaux agrémens :
    Faire des talens & des graces

Et des amours l'heureux assortiment;
Et voilà comme, & voilà justement
Comme il faut que l'on soit en aimant.

LEÇON D'UNE MERE A SA FILLE.

Air du menuet d'Exaudet. N°. 26.

  C<small>ET</small> étang,
  Qui s'étend
  Dans la plaine,
Répete au sein de ses eaux
Ces verdoyans ormeaux,
Où le pampre s'enchaîne ;
  Un ciel pur,
  Un azur
  Sans nuages,
Vivement s'y réfléchit,
Le tableau s'enrichit
  D'images.

Mais tandis que l'on admire
Cette onde où le ciel se mire,
  Un zéphir
  Vient ternir

La surface
De la glace ;
D'un souffle il confond les traits,
Détruit tous les effets,
L'éclat de tant d'objets
S'efface.

Un desir,
Un soupir,
O ma fille !
Peut ainsi troubler un cœur,
Où se peint la candeur,
Où la sagesse brille :
Le repos
Sur ces eaux
Peut renaître :
Mais il se perd sans retour
Dans un cœur dont l'amour
Est maître.

LES SOUHAITS.

AIR: *Quoi! vous partez sans que rien vous arrête?* N°. 57.

Point ne voudrois, pour bien passer la vie,
Des riches dons du rivage indien ;
Point ne voudrois des parfums d'Arabie,
Ni des trésors du peuple Lybien.
Il ne me faut que l'amour de ma mie,
Pour moi son cœur est le souverain bien.

D'être un héros point ne me glorifie ;
Pour guerroyer je suis trop citoyen.
Que le François dispute l'Acadie ;
Que le Hongrois batte le Prussien ;
Il ne me faut que le cœur de ma mie ;
Voilà mon trône, & le reste n'est rien.

De Phydias j'ignore la magie ;
De son ciseau je me passe très-bien :
L'art de Rubens ne me fait nulle envie ;
Point ne voudrois surpasser Titien.
Il ne me faut qu'un portrait de ma mie ;
Quand je le vois, je ne desire rien.

De l'art des vers je n'ai point la manie ;
Je connois peu le mont Aonien :
Mais de rimer, s'il me prend la folie,
Point ne prîrai le dieu Pégasien.
Si ne me faut que le nom de ma mie :
Pour ce nom seul je rime & chante bien.

Je ne veux point de la philosophie,
Elle est trop froide & ne conduit à rien :
Je ne veux point savoir l'astrologie,
Ni disputer du vuide aérien.
Il ne me faut qu'un coup-d'œil de ma mie ;
Voilà mon astre, il me conduira bien.

Qu'ai-je besoin de savoir la chymie ?
Tous ses secrets sont un foible moyen :
Qu'un médecin vante la pharmacie,
Et rende hommage au docteur Gallien :
Il ne me faut qu'un baiser de ma mie,
Mon cœur renaît, & je me porte bien.

Si par hasard quelqu'autre fantaisie
Troubloit mes sens : Amour, sois mon
   soutien.
Si par toi seul il faut que je l'oublie,
Cache l'erreur, car mon crime est le tien.

E vj

Il ne me faut qu'un soupir de ma mie,
Je quitte tout, & reprends mon vrai bien.

Souvent j'ai pris un peu de jalousie :
Quand on est tendre, on est pyrrhonien ;
Dans les transports de cette frénésie,
Tout m'affectoit, discours, gestes, maintien.
Il ne me faut qu'un souris de ma mie,
Mon cœur s'appaise, & je ne crains plus rien.

Si quelque crainte alarme mon génie,
C'est l'abandon d'un cœur comme le sien.
Tous les desirs de mon ame attendrie,
Sont d'inspirer un feu semblable au mien.
Il ne me faut que conserver ma mie,
Plaire toujours c'est le nœud gordien.

PARODIE
DE LA CHANSON PRÉCÉDENTE.
Sur le même air.

Tous mes souhaits & ma plus forte envie,
Auroient été d'être un nouveau Crésus :
Des riches dons d'Amérique & d'Asie,

J'aurois tâché d'amasser tant & plus,
Non pas pour moi, c'eût été pour ma mie :
Sans elle, hélas ! les aurois-je voulus ?

D'être un héros, j'aurois eu la manie :
Mars m'auroit vu suivre ses étendards.
L'antique amour, l'amour de la patrie,
Ne m'eût point fait affronter les hasards :
L'espoir d'offrir mes lauriers à ma mie,
Seul m'eût frayé la route des Césars.

D'être un Apelle il m'auroit pris envie,
Mais sans daigner travailler pour les rois.
Si de Rubens imitant la magie,
La toile eût pu s'animer sous mes doigts,
Quel beau portrait j'aurois fait de ma mie !
Je l'aurois peinte ainsi que je la vois.

Éterniser une flamme chérie,
Auroit été de mes vœux le premier :
Le tendre Amour, seul guide de ma vie,
Aux doctes sœurs m'eût fait sacrifier :
J'aurois été le chantre de ma mie,
J'eus mis ma gloire à la déifier.

En me livrant tout à l'astronomie,

J'aurois suivi ma tendre passion :
Un nouvel astre, au gré de mon envie,
Eût de nos jours paru sur l'horison :
Au firmament j'aurois placé ma mie,
Elle eût été ma constellation.

J'aurois banni la sombre jalousie :
L'amour sincere en écarte l'horreur :
Trop délicat pour cette frénésie,
D'un feu plus pur j'aurois fait mon bonheur :
Car, en l'aimant, j'eusse estimé ma mie.
Sans mon estime auroit-elle eu mon cœur ?

Jamais, jamais nulle autre fantaisie
N'auroit séduit mon esprit alarmé.
Tous les regards d'Iris & de Sylvie
Auroient contr'eux trouvé mon cœur armé.
Jusqu'au tombeau j'eusse adoré ma mie,
Et Vénus même en vain m'auroit aimé.

MADAME E. D. B.

CONSEILS.

AIR: N°. 58.

Un tendre amant veut-il dire qu'il aime?
De ses yeux seuls qu'il emprunte la voix.
S'il est sincere, ils parleront de même,
Tout-à-la-fois décélera son choix.

Loin le fatras de la triste éloquence:
Pour nous toucher c'est un foible moyen:
Le cœur abjure une vaine science,
Et quand il parle, il parle toujours bien.

Vous, dont le cœur est facile à séduire,
Craignez l'amour quand il a trop d'esprit:
Quand un amant pense à ce qu'il veut dire,
Bien rarement il pense ce qu'il dit.

L'AVANTAGE DU SECRET.

AIR : *De tous les Capucins du monde.* N°. 59.

Beau sexe, où tant de grace abonde,
Vous charmez la moitié du monde :
Aimez, mais d'un amour couvert,
Qui ne soit jamais sans mystere.
Ce n'est pas l'amour qui vous perd,
C'est la maniere de le faire.

BUSSI-RABUTIN.

LE BAISER.

AIR : *Quand vous entendrez le doux zéphir.*

N°. 7.

Baiser charmant, signal des plaisirs,
Du tendre amour flatteuses prémices ;
Quel doux espoir luit à mes desirs
  Sous tes heureux auspices !

  Quels feux naissans !
  Quels transports pressans !

La pudeur farouche,
Cede & confent.
L'ame est sur la bouche,
Par elle on se touche,
Par elle on se rend.
Baiser charmant, &c.

Fleurs vous naissez ;
Vous embellissez :
Mais le jour expire,
Vous languissez :
Le tendre Zéphire
Vous baise, soupire,
Et vous renaissez.
Baiser charmant, &c.

MARMONTEL.

LE PORTRAIT D'ISMENE.

AIR: N°. 60.

AMOUR, commence le tableau;
Qu'il sera beau, s'il est fidele !
Voilà les couleurs, le pinceau ;
Dessine, amour, sois mon Apelle.

L'ouvrage est digne de ta main :
Il s'agit du portrait d'Ismene.
Sur l'albâtre d'un front serein,
Trace deux jolis arcs d'ébene.

Peins sous leur voûte un œil charmant,
Cet œil trop rigoureux peut-être,
Qui tour-à-tour fier & touchant,
Défend le desir qu'il fait naître.

Peins, sur ces levres de corail,
Les fleurs nouvellement écloses :
De ses dents, pour rendre l'émail,
Peins des perles parmi des roses.

Avec art suspends ses cheveux,
Et tresse-les en diadême...
Laisse-les flotter, si tu veux ;
Ce désordre lui sied de même.

Exprime le charme secret
De son doux & tendre sourire :
Peins ce qu'il dit, ce qu'il promet :
Moi, je peindrai ce qu'il inspire.

DORAT.

A GLYCERE.

AIR: *Vous qui du vulgaire stupide.* N°. 8.

Aime-moi bien, ô ma Glycere!
Aime-moi, je veux t'adorer:
Puisse le feu le plus sincere,
Sur ta vertu te rassurer!
Crains peu la priere importune,
Qui naît d'un coupable desir:
Ce n'est qu'une beauté commune
Qui donne le goût du plaisir.

Une amante sage & fidelle
Que guide le pur sentiment,
Sait, par une route plus belle,
A jamais fixer un amant:
On la voit, par un seul sourire,
Payer le prix de son ardeur:
L'amant délicat qui soupire,
N'exige que le don du cœur.

Une faveur, une caresse,
Sont les récompenses du tems:
Ces délices de la tendresse

N'appartiennent qu'aux cœurs cons-
	tans.
Un baiser qu'offre une Bacchante,
Fait fuir la modeste pudeur :
Celui qu'on prend à son amante,
Devient le sceau du vrai bonheur.

A UNE JEUNE DEMOISELLE.

AIR : N°. 41 ou 37.

SEMBLABLE à la rose naissante,
Espoir heureux de nos jardins,
De vos jours l'aurore brillante
Annonce des appas divins.

Déjà vous êtes desirée :
Tout par vous paroît s'embellir :
Au bal, de vos graces parée,
Vous soufflez l'attrait du plaisir.

En vous voyant, le cœur s'agite
Entre l'espoir & les regrets :
On voudroit vous voir plus petite,
Ou plus grande pour vos attraits.

Votre cœur qui sommeille encore,
Déjà réveille tous les cœurs,
Et du sentiment qu'il ignore,
Inspire les douces erreurs.

Ces chants sont pour vous un mystere,
Que vous ne sauriez pénétrer :
Vous touchez au moment de plaire,
Connoîtrez-vous celui d'aimer ?

ST. MAIME.

A ÉGLÉ.

AIR : N°. 61.

TES yeux promettent le bonheur,
   Confirme leur langage :
Va, le plaisir vaut bien l'honneur
   D'être fiere & sauvage :
Quand l'amant n'est point trompeur,
Son triomphe est un hommage.

Sous l'aile du tendre zéphyr
   Vois cette rose éclore ;
Vois son incarnat s'embellir
   Des baisers de l'aurore.

Jeune Églé, c'est le plaisir
Qui l'anime & la colore.

Combien de fois ai-je chanté
  L'objet de mes alarmes ?
Mais célebre-t-on la beauté
  En répandant des larmes ?
Ce n'est que la volupté
  Qui pourroit peindre tes charmes.

Amour, prends soin de mon destin ;
  Rends Églé moins cruelle ;
Laisse-moi mourir sur son sein,
  Et renaître pour elle :
C'est là que je veux enfin
  M'écrier : Dieux ! qu'elle est belle !
          DORAT.

L'ÉGALITÉ EN AMOUR.

AIR : *Du Prévôt des Marchands.* N°. 5.

L'AMOUR égale sous sa loi
La bergere ainsi que le roi :
Si-tôt qu'il en fait sa maîtresse,

Si-tôt qu'elle a pu l'engager,
La bergere devient princesse,
Et le prince devient berger.

LA DORMEUSE.

AIR : *Réveillez-vous belle endormie.* N°. 62.

Réveillez-vous, belle dormeuse,
Si ce baiser vous fait plaisir :
Mais si vous êtes scrupuleuse,
Dormez, ou feignez de dormir.

Craignez que je ne vous éveille :
Favorisez ma trahison.
Vous soupirez !.. Votre cœur veille ;
Laissez dormir votre raison.

Souvent quand la raison sommeille,
On aime sans y consentir :
Pourvu qu'amour ne nous réveille
Qu'autant qu'il faut pour le sentir.

Si je vous apparois en songe,
Jouissez d'une douce erreur ;

Goûtez les plaisirs du mensonge,
Si la vérité vous fait peur.
    DU FRESNY.

L'AVARICIEUSE.

Même air que le précédent. N°. 62.

PHILIS, plus avare que tendre,
Ne gagnant rien à refuser,
Un jour exigea de Sylvandre
Trente moutons pour un baiser.

Le lendemain nouvelle affaire,
Pour le berger le troc fut bon;
Il exigea de la bergere
Trente baisers pour un mouton.

Le lendemain, Philis plus tendre,
Craignant de moins plaire au berger,
Fut trop heureuse de lui rendre
Tous les moutons pour un baiser.

Le lendemain, Philis peu sage,
Auroit donné moutons & chien,

Pour

Pour un baiser que le volage
A Lisette donna pour rien.
Par le même.

MÉPRISE DE L'AMOUR.

AIR : *Des Pélerins de Saint-Jaques.* N°. 63.

Un jour l'Amour, quittant sa mere,
  Fut bien surpris :
Il dit, en voyant ma bergere,
  Je vois Cypris :
Mais comment donc se peut-il faire
  Qu'elle soit là ?
J'ai laissé Vénus à Cythere,
  Et la voilà !

Je ne la vis jamais plus belle
  Que je la vois.
Mais que diable ici cherche-t-elle
  En tapinois ?
Il s'approche : il voit qu'on l'évite.
  Hélas ! pourquoi,
Pourquoi, dit-il, prendre la fuite ?
  Maman, c'est moi.

L'Amour reconnut sa méprise,
  Il en sourit :
Et revenu de sa surprise
  S'en applaudit.
Ce que ce dieu fit à la belle
  Nous est caché :
Mais depuis il cherche querelle
  A sa Psyché.

SUR LE MÊME SUJET.

AIR : *Tout roule aujourd'hui dans le monde.*

N°. 64.

L'AUTRE jour l'enfant de Cythere,
Sous une treille à demi-gris,
Disoit, en parlant à sa mere :
Je bois à toi, ma chere Iris.
Vénus le regarde en colere...
Calmez, maman, votre courroux,
Si je vous prends pour ma bergere,
J'ai pris cent fois Iris pour vous.

BAINVILLE.

L'ARITHMÉTIQUE.

AIR: *Nous sommes précepteurs d'amour.*

N°. 23.

Lise, par fantaisie, un jour
Voulut savoir l'arithmétique :
Rien n'est étranger à l'Amour :
De savoir tout l'Amour se pique.

Il lui donna donc des leçons :
Lise, dans peu, fut très-habile :
C'étoit pour elle des chansons :
L'Amour fait rendre tout facile.

Voici comment il s'y prenoit :
Il donnoit trois baisers à Lise,
Que Lise aussi-tôt lui rendoit,
En évitant toute méprise.

De ces baisers donnés & pris,
Chacun tenoit compte fidele :
L'Amour, des calculs réunis,
Offroit le total à la belle.

S'applaudissant de ces progrès,
A son éleve, notre espiegle,
Méditant de nouveaux succès,
Démontra la seconde regle.

Il y passa légérement ;
L'amour n'aime point à soustraire.
La troisieme, plus amplement,
Fut expliquée à l'écoliere.

Il voulut tant multiplier !...
Le calcul devint inutile ;
De lui donner tout sans compter
La belle trouva plus facile.

MARÉCHAL.

LE DIXIEME.

Air de Joconde. N°. 65.

LE jeune Tircis, l'autre jour,
  Par neuf baisers de suite,
Venoit de prouver son amour
  A la jeune Hyppolite :
Elle qui goûtoit les appas

De ce plaisir suprême,
Lui dit : Berger, ne sais-tu pas
Qu'on paie le dixieme ?

LES CAPRICES.

AIR: N°. 66.

Mon destin, auprès de Climene,
Varie à chaque instant du jour.
Un caprice inspire sa haine,
Un autre lui rend son amour.

Elle m'a dit : Lindor, je t'aime
Ton cœur a mérité ma foi :
Elle m'a dit, à l'instant même,
Lindor, je me moquois de toi.

Au moment où sa voix m'appelle,
Climene songe à m'éviter :
Je ne vais chercher auprès d'elle
Que le regret de la quitter.

Elle est triste dans mon absence,
Et méprise alors mes rivaux :

Elle les vante en ma préfence,
Et leur parle de mes défauts.

Mes tourmens pour elle ont des charmes,
Elle cherche à les irriter ;
Et je la vois verfer des larmes,
Lorfque je viens les lui conter.

Je lui portois les fleurs qu'elle aime,
Elle les prit avec dédain :
Elle me donne, le foir même,
La rofe qui paroit fon fein.

Un jour Climene, moins cruelle,
Avoit pris foin de me calmer ;
Et je m'enivrois, auprès d'elle,
Du bonheur de plaire & d'aimer.

Dans la plus profonde triftesse
Je la vis bientôt fe plonger ;
Je l'offenfois par mon ivreffe,
Mes plaifirs fembloient l'affliger.

Elle eft fimple, fans artifice ;
Nul amant n'a tenté fa foi :

Et fidele dans ses caprices,
Elle n'aime & ne hait que moi.

Beauté si douce & si terrible,
Souvent aimé, jamais heureux :
Que tu sois cruelle ou sensible,
Je n'en suis pas moins amoureux.

Par tes rigueurs, ou ton absence,
Cesse de déchirer mon cœur;
Je t'aimerois sans inconstance,
Quand tu m'aimerois sans humeur.
DE SAINT-LAMBERT.

L'AMANT DÉSABUSÉ.

AIR : N°. 67.

Grace à tant de tromperies, \
Grace à tes coquetteries, \
Dircé, je respire enfin.   *Bis.* \
Mon cœur, libre de sa chaîne, \
Ne déguise plus sa peine, \
Ce n'est plus un songe vain. *Bis.*

Toute ma flamme est éteinte;
Sous une colere feinte
L'amour ne se cache plus.
Qu'on te nomme en ton absence,
Qu'on t'adore en ma présence,
Mes sens n'en sont point émus.

En paix, sans toi, je sommeille:
Tu n'es plus, quand je m'éveille,
Le premier de mes désirs.
Rien de ta part ne m'agite:
Je t'aborde, & je te quitte
Sans regrets & sans plaisirs.

Le souvenir de tes charmes,
Le souvenir de mes larmes
Ne fait nul effet sur moi.
Juge enfin comme je t'aime,
Avec mon rival lui-même,
Je pourrois parler de toi.

Sois cruelle, sois humaine,
Ta fierté n'est pas moins vaine
Que le seroit ta douceur.
Sans être ému je t'écoute,
Et tes yeux n'ont plus de route

Pour pénétrer dans mon cœur.

D'un mépris, d'une caresse
Mes plaisirs ni ma tristesse
Ne reçoivent plus la loi.
Sans toi j'aime les bocages,
Et bien des déserts sauvages
Me déplairoient avec toi.

Tu me parois encor belle :
Mais, Dircé, tu n'es plus celle
Dont mes sens sont enchantés.
Je vois, devenu plus sage,
Des défauts sur ton visage,
Qui me sembloient des beautés.

Lorsque je brisai ma chaîne,
Dieu, que j'éprouvai de peine !
Hélas ! je crus d'en mourir.
Mais quand on a du courage,
Pour se tirer d'esclavage
Que ne peut-on point souffrir ?

Ainsi, du piege perfide,
Cet oiseau jeune & timide,
Avec effort échappé,

Au prix des plumes qu'il laisse,
Prend des leçons de sagesse,
Pour n'être plus attrapé.

Tu crois que mon cœur t'adore
Parce que je parle encore
Des soupirs que j'ai poussés.
Mais tel'au port qu'il desire,
Le nocher aime à redire
Les périls qu'il a passés.

Le guerrier, couvert de gloire,
Se plaît, après la victoire,
A raconter ses exploits :
Et l'esclave, exempt de peine,
Montre avec plaisir la chaîne
Qu'il a traînée autrefois.

Je m'exprime sans contrainte,
Je ne parle point par feinte,
Pour que tu m'ajoutes foi :
Et quoi que tu puisses dire,
Je ne daigne pas m'instruire
Comment tu parles de moi.

Tes appas, beauté trop vaine,

Ne te rendront pas, sans peine,
Un auſſi fidele amant.
Ma perte eſt moins dangereuſe ;
Je ſais qu'une autre trompeuſe
Se trouve plus aiſément.

J. J. ROUSSEAU.

A UNE BELLE INSENSIBLE.

AIR: N°. 68.

Vos yeux du tendre amour nous commandent l'ivreſſe ;
Du regard le plus doux il a ſu les armer :
Cette Circé, qui ſavoit tout charmer,
Mérita moins que vous le nom d'enchantereſſe.
Mais, mais
Vous qui faites aimer, n'aimerez-vous jamais ?

Tout vous rit, tout vous ſied, une roſe vous pare ;
L'air reſpiré par vous, j'aime à le reſpirer :
Les bois charmans où je vous vois errer,

Sont ceux que je choisis, sont ceux où je
 m'égare.
   Mais, mais, &c.

J'aime à voir vos cheveux, & leur flottante
 ébene,
Errer à l'aventure, où couvrir votre sein;
 J'aime la gaze & ce voile incertain
Que font voler les vents au gré de leur
 haleine.
   Mais, mais, &c.

Il n'est point de beauté, soit nymphe, soit
 bergere,
Qui ne vous enviât de si charmans attraits:
 Hébé plaît moins aux célestes banquets,
Son sourire est moins doux, sa taille est
 moins légere.
   Mais, mais
Vous qui faites aimer, n'aimerez-vous
 jamais?

LES VAINS SERMENS.

AIR: N°. 69.

JE l'adorois, cette jeune Zélie,
Aimant si bien, j'avois su l'enflammer :
Elle a changé, je sens que je l'oublie.
Amour, Amour, je ne veux plus aimer.

Ah ! j'étois né pour brûler de sa flamme,
Et ce penchant ne sert qu'à m'alarmer.
Ne m'offre rien qui séduise mon ame,
J'aimerois trop : je ne veux plus aimer.

Foible mortel ! quelle crainte importune !
Me dit ce dieu : vois, pour te mieux charmer,
J'ai rassemblé les trois Graces en une.
N'importe, Amour, je ne veux plus aimer.

Thémire alors à mes yeux se présente,
Telle qu'Amour prit soin de la former :
Je m'écriai : sans doute elle est charmante :
Mais, c'en est fait, je ne veux plus aimer.

Oui, du printems c'est l'image embellie.

C'est, je le vois, mais comment l'exprimer ?
Flore, Vénus, Minerve & la Folie.
Heureusement je ne veux plus aimer.

De l'univers je la verrois suivie :
A ses rivaux peut-on s'accoutumer ?
A l'admirer, je passerai ma vie :
C'est bien assez, je ne veux plus aimer.

Oui, dit l'Amour, viens, fuis toujours
      Thémire,
Sur le péril je saurai te calmer :
A chaque instant j'aurai soin de te dire :
Daphnis, au moins il ne faut pas aimer.

Par quels conseils me laissois-je séduire ?
Contre ses droits l'Amour peut-il s'armer ?
L'enfant malin ! je le voyois sourire,
Quand je disois, je ne veux plus aimer.

Depuis ce jour, sans vouloir m'en défendre,
De tous ses feux je me sens consumer.
Belle Thémire ! ai-je pu m'y méprendre ?
Vous avoir vue, hélas ! c'est vous aimer.

DE MONCRIF.

LE BAISER DE CLORIS.

AIR: *Nous sommes précepteurs d'amour.*

N°. 23.

Que ne suis-je encor un enfant!
Je n'avois troupeau, ni houlette:
Je n'allois aux champs seulement
Que pour cueillir la violette.

Je vis Cloris: bientôt j'aimai:
Dieux, que mon ame fut ravie!
Le premier vœu que je formai,
Fut de l'aimer toute ma vie.

Apprenez-moi, lui dis-je un jour,
Un secret que mon cœur ignore:
N'est-ce point ce qu'on nomme amour,
Un feu qui brûle & qui dévore?

Bel enfant! me répond Cloris,
Me baisant avec un air tendre,
Sans le savoir, tu m'as appris
Ce que de moi tu veux apprendre.

En grandissant, je perds son cœur;
Elle l'a repris, l'infidelle !
Mais son baiser & mon ardeur
Me resteront en dépit d'elle.

LES FANTAISIES D'ASPASIE.

AIR: N°. 70.

Elle m'aima, cette belle Aspasie,
Et bien en moi trouva tendre retour.
Elle m'aima, ce fut sa fantaisie :
Mais celle-là ne lui dura qu'un jour.

Le jour d'après, cette belle Aspasie
Entend Mirtil chanter l'hymne d'Amour.
Elle l'aima : ce fut sa fantaisie,
Et celle-là ne lui dura qu'un jour.

Toujours aimant, cette belle Aspasie
A pris, quitté nos bergers tour-à-tour.
Ils sont fâchés : moi, je la remercie.
Las ! elle fait passer un si beau jour.

Pour ramener cette belle Aspasie,
C'est grand abus de montrer du courroux;

Si réclamez sa douce fantaisie,
Elle dira : Que ne l'inspirez-vous ?

J'ai vu depuis cette belle Aspasie :
La couronnant de roses, je lui dis :
Quand reviendra ta douce fantaisie ?
Car ce jour-là, c'est le seul où je vis.

Lors j'apperçus cette belle Aspasie….
Qu'un doux souris coloroit ses attraits :
Elle reprit sa douce fantaisie,
Et me donna même le jour d'après.

Amans quittés d'une belle Aspasie,
Ayez près d'elle un modeste maintien ;
Ne prétendez gêner sa fantaisie.
Qui plaît est roi, qui ne plaît plus n'est rien.
DE MONCRIF.

TENDRES REPROCHES.

AIR : N°. 71.

Non, non, Doris, ne pense pas
Retrouver encor dans mon ame
Ni souvenir de tes appas,

Ni d'étincelle de ma flamme.
Sois infidelle, j'y confens :
Va, ne crains point que j'en gémiffe.
Tu me venge en changeant d'amant,
De mes rivaux c'eft le fupplice.

Ce n'eft pas le befoin d'aimer
Qui fait que l'on change fans ceffe ;
Et le cœur qui fait s'enflammer,
N'a qu'un objet de fa tendreffe.
Un cœur peut-il aimer deux fois ?
L'Amour ne fait qu'une bleffure :
S'il a deux traits dans fon carquois,
C'eft une erreur de la nature.

Doris, ne va pas t'alarmer ;
Va, ne crains pas que je t'accufe :
C'eft ton cœur que je veux former
Contre ton efprit qui t'abufe.
De ton cœur formé pour l'amour,
Si l'inconftance eft le partage,
Il eft l'image d'un beau jour,
Qui vient d'obfcurcir un nuage.

J'oublie enfin que je t'aimai,
Qu'autrefois tu fus ma maîtreffe,

Que le premier je te formai
Aux doux transports de la tendresse.
Mais si tu voulois revenir
Me consoler par ta présence,
Je suis prêt à m'en souvenir,
Et j'oublîrai ton inconstance.

ADIEUX A GLYCERE.

AIR: N°. 69.

Oui, dès long-tems j'ai percé le mystere,
Que dans ton cœur tu croyois renfermer ;
Toujours, toujours tu préféras, Glycere,
L'orgueil de plaire à la douceur d'aimer.

Toujours aussi ma vengeance fut prête,
Et nous marchions tous deux à pas comptés,
Quand tes beaux yeux faisoient une conquête,
Je te faisois une infidélité.

Si je voyois, à ta fausse tendresse,
Que, sans amour, tu voulois m'enflammer,
Tout fut payé : car tu voulois sans cesse
Plaire par-tout, & moi par-tout aimer.

Adieu, Glycere. Ah! si tu me regrettes,
Tu vas changer en plaisirs mes tourmens :
C'est tout exprès pour punir les conquêtes,
Qu'Amour a fait les volages amans.

IMBERT.

LA VAINE RÉSOLUTION.

Même air que le précédent.

Oui, c'en est fait, je vais rompre mes
 chaînes ;
Adieu, Zélis, amour, graces, beauté ;
Tous vos plaisirs, qui sont aussi des peines,
Ne valent pas ma douce liberté.

Viens, dit Bacchus, mon remede est suprême ;
Bois & guéris : c'est l'affaire d'un jour.
Mais plus je bois, plus je sens que je l'aime :
Bacchus, hélas ! s'entend avec l'Amour.

Lors Apollon : Tiens, dit-il, prends ma lyre ;
Vénus, Hébé vont sourire à tes vers.
Zélis suffit ; fait qu'elle aime à les lire ;
Seule à mes yeux Zélis est l'univers.

Et moi, dit Mars, couvre-toi de mes armes;
Je te rendrai le plus grand des guerriers. ——
La simple fleur, dont elle orne ses charmes,
A plus d'attraits pour moi que tes lauriers.

Puisqu'aucun d'eux n'a pu rompre tes chaînes,
Me dit l'Amour, reprends ta liberté. ——
Arrête, hélas ! je préfere mes peines ;
Mon tourment même est une volupté.
MASSON DE MORVILLIERS.

LA FAUVETTE,
OU LE PLAISIR DU CHANGEMENT.
AIR: N°. 73.

Cœurs sensibles, cœurs fideles,
Qui blâmez l'amour léger,
Cessez vos plaintes cruelles :
Est-ce un crime de changer ?
Si l'Amour porte des ailes,
N'est-ce pas pour voltiger ?

Le papillon, de la rose

Reçoit le premier soupir ;
Le soir, un peu plus éclose,
Elle écoute le Zéphir.
Jouir de la même chose,
C'est enfin ne plus jouir.

Apprenez de ma Fauvette,
Qu'on se doit au changement;
Par ennui d'être seulette,
Elle eut Moineau pour amant.
C'est sûrement être adroite,
Et se pourvoir joliment.

Mais Moineau sera-t-il sage ?
Voilà Fauvette en souci.
S'il changeoit... dieux, quel dommage !
Mais Moineaux aiment ainsi.
Puisqu'Hercule fut volage,
Moineaux peuvent l'être aussi.

Vous croiriez que la pauvrette
En regrets se consuma :
Au village une fillette,
Auroit ces foiblesses-là ;
Mais le même jour Fauvette
Avec Pinçon s'arrangea.

Quelqu'un blâmera peut-être
Le nouveau choix qu'elle fit,
Un jafeur, un petit-maître...
C'eſt pour cela qu'on le prit,
Quand on ſe venge d'un traître,
Peut-on faire trop de bruit ?

Le Moineau, dit-on, fit rage ;
C'eſt là le train d'un amant :
Aimez bien, il ſe dégage ;
N'aimez pas, il eſt conſtant.
L'imiter, c'eſt être ſage ;
Aimons, & changeons ſouvent.
La Marquiſe d'Antremont.

L'AMOUR A LA MODE.

AIR : *Philis demande ſon portrait.* N°. 74.

JE viens de quitter ma Cloris,
   Pour reprendre Glycere.
Cloris en jette les hauts cris ;
   Je ne ſaurois qu'y faire.
On eſt bien en regle, je crois,
   Lorſque, pour une belle,

On a brûlé quatre grands mois
 D'une ardeur éternelle.

Je veux lui donner mon ami,
 Jeune & beau comme un ange;
Glycere lui rend son mari;
 Cloris gagne à l'échange;
Mais rien ne peut calmer l'humeur
 De cette beauté fiere,
A qui j'ai ravi la douceur
 De rompre la premiere.

J'ai sû la prévenir d'un jour,
 Demain j'avois mon compte;
Car déjà sur un autre amour
 Elle avoit un à compte.
Que dans trois mois mon successeur
 La quitte, ou qu'on le chasse,
Peut-être aurois-je le bon cœur
 De reprendre sa place.

Voilà comme on aime aujourd'hui;
 C'est la grande méthode.
Le bon ton écarte l'ennui
 D'une intrigue incommode.
Le cœur, bientôt las de jouir,

Languit

Languit dans la constance ;
L'amour n'est point fait pour vieillir ;
Son bel âge est l'enfance.
DE CAILLY.

LES CHIFFRES EFFACÉS.

AIR: *Que ne suis-je la fougere.* N°. 12.

Sur le sable de ces rives,
Nos chiffres par toi tracés,
Par les ondes fugitives
Furent bientôt effacés :
Mais cet amoureux emblême,
Malgré sa fragilité,
Dura plus que l'amour même
Qu'il avoit représenté.
LE MARQUIS DE PEZAY.

LE BON PROCÉDÉ.

AIR: *Un jour Guillot trouva Lisette.* N°. 72.

Une maîtresse qu'on estime,
Veut qu'on l'abandonne sans bruit :
Trahir l'Amour est un grand crime,
Même lorsque ce dieu s'enfuit.
Un éclat n'est pas nécessaire, *Bis.*
Pour se croire bien dégagé,
Et quand on sert en volontaire,
On n'a pas besoin de congé. *Bis.*

Romps le foible nœud qui nous lie ;
Nous n'avions point fait de traité ;
Tu m'avois pris par fantaisie,
Par caprice tu m'as quitté.
De cette obligeante disgrace,
Que tu voulus bien m'accorder,
Je viens même te rendre grace,
Bien loin de te la demander.

Comme nous l'Amour change d'âge ;
Tant qu'il est jeune, il est charmant ;
Sa vigueur te plaît davantage ;

Son trépas est bien plus touchant.
De l'amitié brille l'aurore
Au crépuscule de l'Amour ;
Et les bons cœurs s'aiment encore,
Quand ce dieu les fuit sans retour.
DE CHOISY.

L'HEUREUSE ERREUR.
AIR: N°. 75.

LA bonne-foi fut ma chimere :
N'ai-je donc chéri qu'une erreur ?
O dieux ! laissez-moi mon bonheur :
Je ne veux point que l'on m'éclaire.
S'il faut que l'amour soit trompeur,
Que l'amitié soit un mensonge,
Faites encor durer le songe,
Et laissez la nuit dans mon cœur.

Que dis-je ? hélas ! brisons les chaînes,
Qui peuvent goûter des soupirs,
Et défendons-nous des plaisirs,
Quelquefois si voisins des peines.
Mais pourquoi veux-je me sauver,
D'une erreur qui m'est aussi chere ?

Rendors-toi, rendors-toi, Glycere;
Pour être heureuse, il faut rêver.

ÊTRE HEUREUX
OU INCONSTANT.
AIR: N°. 76.

J'AIME Rosette à la folie:
L'Amour l'a faite si jolie!
Qui n'en seroit point amoureux?
Qu'elle soit tendre autant que belle,
A jamais je lui suis fidele,
Et gaîment nous vivrons tous deux.
J'aime bien, mais je veux qu'on m'aime;
Les faveurs me font aimer mieux;
Et je n'ai point l'honneur suprême
D'être constant sans être heureux.

Pourquoi reprocher à Rosette
Si dieu la fit un peu coquette?
Coquette en amour, quel bonheur!
Un instant de coquetterie,
Du caprice & de la folie,
Que de volupté pour un cœur!

Mais il faut jouir quand on aime.
Coquette, alors ton art vaut mieux:
Tu rirois, conviens-en toi-même ;
D'un cœur constant sans être heureux.

Rosette, je suis ton esclave ;
Et si tout haut mon cœur te brave,
Tout bas il palpite d'amour.
Je suis bien loin d'être infidele ;
Mais si tu fais trop la cruelle,
Cela pourroit venir un jour.
Couronne donc l'amant qui t'aime ;
Sois coquette après, si tu veux :
Mais j'ai pour maxime suprême
D'être inconstant, ou très-heureux.

LE MARQUIS DE PEZAY.

A MADAME...

AIR: N°. 25.

LE connois-tu, ma chere Eléonore,
Ce tendre enfant qui te suit en tout lieu,
Ce foible enfant, qui le seroit encore,
Si tes regards n'en avoient fait un dieu ?

C'est par ta voix qu'il étend son empire;
Je ne le sens qu'en voyant tes appas:
Il est dans l'air que ta bouche respire,
Et sur les fleurs qui naissent sous tes pas.

Qui te connoît connoîtra la tendresse;
Qui voit tes yeux en boira le poison:
Tu donnerois des sens à la sagesse,
Et des desirs à la froide raison.

M. L. C. D. B.

A L'OREILLER DE GLYCERE.

AIR: N°. 77.

Révèle tes secrets au jour,
Oreiller, foulé par Glycere,
Duvet, plumage de l'Amour,
Où des colombes de sa mere.

Ne me dis pas ce que l'on voit,
 Quand sa main, quand Zéphyre en-
  tr'ouvre
Le lit heureux qui la reçoit,
Ou l'heureux voile qui la couvre.

Ne dis pas ce que l'on ressent
Quand sa bouche voluptueuse
Baise le tissu caressant
Qui presse ta plume amoureuse.

Va, quand l'Amour à tes portraits
Prêteroit sa touche divine,
Tous les appas que tu peindrois,
Vaudroient-ils ceux que je devine ?

Dis-moi plutôt, dis-moi comment
Et combien de fois ta maîtresse
Répete ces doux noms d'amant,
Et de plaisir & de tendresse.

Dis-moi plutôt combien de pleurs
Baignent le lit qui te décore,
Quand, par hasard, j'orne de fleurs
Le sein de Néris ou d'Aglaure.

L'autre jour, j'obtins un baiser.
Elle me dit : Tu vois, je t'aime !
Tu peux.... Mais garde-toi d'oser,
Et défends-moi contre moi-même.

Ivre d'amour & de desir,

Je respectai son innocence ;
Je n'ai perdu que le plaisir,
Et j'ai conservé l'espérance.

Un baiser charma nos adieux ;
Tu la vis bientôt, solitaire,
Attendre sur un lit oiseux
Un pavot doux & salutaire.

Tu la vis, fortuné coussin !
Hélas ! dis-moi, soupiroit-elle ?
Sentois-tu palpiter son sein,
Emprisonné sous la dentelle ?

La beauté seule entre deux draps,
Est moins timide & plus émue ;
Son ame, ainsi que ses appas,
Entre deux draps, est présque nue.

Mille autres, oreiller charmant,
A tes secrets peuvent prétendre ;
Mais, crois-moi, dans ce peuple amant,
Le plus aimable est le plus tendre.

Hélas ! tu ne m'as jamais vu :
Puisses-tu quelque jour m'entendre !

Peut-être mon nom t'eſt connu,
Ma Glycere a pu te l'apprendre.

Oh! quand pourrai-je, près de toi,
Dans mes bras la voir, moins farouche,
Me peindre le plus doux effroi,
Et ſe raſſurer ſur ma bouche!

Hier, je lui ſerre la main:
Son œil s'anime, elle ſoupire;
Puis elle dit: Reviens demain....
Rougit, ſe tait & ſe retire.

Dieux! en croirai-je un doux eſpoir?
Eſt-ce mon bonheur qu'elle annonce?
Cher oreiller, j'irai ce ſoir,
Près de toi, chercher ſa réponſe.
GRONVELLE.

AU LIT DE MYRTHÉ.

AIR: N°. 78.

O lit charmant! où ma Myrthé
Dort en paix, quoique sans défense;
Temple secret de la beauté,
Va, ne crains rien de ma présence:
Je puis trouver la volupté
Au sein même de l'innocence.

Laisse-moi poser cette fleur
Au chevet de ma bien-aimée;
Qu'elle en respire la fraîcheur,
Et qu'une vapeur embaumée
Prête une nouvelle douceur
A son haleine parfumée.

O sommeil! laisse-moi jouir
Du calme heureux où tu la plonges;
Laisse mon image s'unir
Aux tendres erreurs de ses songes;
Et que, sans avoir à rougir,
Elle se plaise à leurs mensonges.

Mais quel transport en ce moment
Agite son ame attendrie ?
Dieux ! pour qui ce soupir charmant,
Qui meurt sur sa bouche fleurie !
O ma Myrthé ! c'est ton amant
Qui fait ta douce rêverie.

Que tu dois me voir amoureux
Dans ce songe qui te caresse !
Mais un songe, au gré de mes vœux,
Te peindroit-il donc ma tendresse,
Lorsque moi-même je ne peux
T'en exprimer toute l'ivresse ?

Si jusqu'au retour du soleil,
Baigné de l'air qu'elle respire,
J'osois ici de son sommeil
Partager l'aimable délire !
Si je pouvois, à son réveil,
Surprendre son premier sourire !

Mais non, de ces vœux indiscrets
Loin de moi l'ardeur égarée.
Dors, ma Myrthé, repose en paix :
Qu'en cette retraite sacrée

Tout soit pur comme tes attraits,
Timide comme ta pensée !

S'il m'en coûte quelques soupirs
A m'arracher de ta présence,
Je n'y perds pas tous mes plaisirs :
Sans offenser ton innocence,
J'emporte avec moi mes desirs,
Et les douceurs de l'espérance.

BERQUIN.

LA RÉCOMPENSE.

AIR : N°. 60.

MA Doris un jour s'égara ;
Je dis : Qu'on courre en diligence ;
A celui qui la trouvera
Je promets une récompense.

Dans les bocages d'alentour,
Vous pourrez découvrir ses traces :
Elle est brune comme l'Amour ;
Elle est faite comme les Grâces.

A peine j'achevois ces mots,

Qu'elle-même s'est approchée;
Dans le plus épais des berceaux,
Par malice elle étoit cachée.

Voici, dit-elle, ta Doris,
Que je remets en ta puissance :
Puis elle fit un doux souris,
Et demanda sa récompense.
LÉONARD.

L'EMBARRAS DU CHOIX.

AIR : N°. 37 ou 41.

Mon cœur eût choisi Terpsicore :
A peine elle a quinze printems:
Mais elle est si timide encore !
Il faut attendre trop long-tems.

Ce matin l'aimable Lucile
Sembloit me faire un tendre aveu;
Par malheur elle est si facile !
Il faudroit soupirer trop peu.

Lise séduit, Lise est toute ame :
Comment près d'elle être trompeur ?

Mais autant vaudroit une femme,
Et le ménage me fait peur.

Églé me plaît, Églé m'enchante;
Je suis bien avec son époux :
Pourquoi faut-il que, si touchante,
Son mari soit si peu jaloux ?

Orphise, oubliant ses années,
Va par-tout quêtant un vainqueur :
Mais je crains ces beautés fannées ;
Leurs moindres goûts sont ceux du cœur.

Chaque jour la prude Émilie
M'agace & voudroit s'attacher :
Le bel-esprit est sa folie,
Et moi je crains de m'afficher.

Daphné semble en tout mon affaire ;
Un mois au moins j'aurai son cœur :
C'est toujours un beau rêve à faire
Que de croire un mois au bonheur.

MASSON DE MORVILLIERS.

LE PREMIER JOUR QU'ON AIME.

AIR: *Philis demande son portrait.*

N°. 74.

J'avois à peine dix-sept ans
    Que je brûlois pour Nice.
Nice avoit vu dix-neuf printems,
    Et n'étoit point novice.
J'aimois pour la premiere fois;
    Nice pour la troisieme;
Mais est-on maître de son choix
    Le premier jour qu'on aime?

J'étois amoureux comme cent:
    Nice me parut belle.
Au récit de mon feu naissant,
    Nice fit la cruelle.
De mépris elle sût armer
    Ses yeux, son maintien même:
En faut-il plus pour alarmer
    Le premier jour qu'on aime?

J'osai m'écrier cependant:
    Nice, daignez m'entendre.

Non, reprit-elle, en minaudant,
    Non, cessez d'y prétendre..
J'en conviens, ce froid inoui
    Me mit hors de moi-même :
Sait-on que non veut dire oui
    Le premier jour qu'on aime ?

Que j'étois fou d'appréhender
    Cette aimable colere !
On s'obstinoit à me gronder,
    Mais on ne fuyoit guere.
Nice ne gronda pas toujours :
    C'étoit un stratagême.
Mais connoît-on tous ces détours
    Le premier jour qu'on aime ?

Bientôt un souris caressant
    Dissipa cet orage :
Du calme qui vint renaissant,
    Un baiser fut le gage :
Lui seul suffit pour m'embraser ;
    Mon plaisir fut extrême.
Qu'on sent bien le prix d'un baiser
    Le premier jour qu'on aime !

D'abord en avouant mon feu,

Un mot étoit un crime :
Quand je fus bien loin de l'aveu,
Tout parut légitime...
On convaincroit, dans ces momens,
L'innocence elle-même :
On est bien fort en argumens
Le premier jour qu'on aime.
BONNIER DE LAYENS.

L'AGE POUR L'AMOUR.

AIR : *De l'oiseau qui t'a fait envie.* N°. 14.

QUINZE ans !... Thémire, ô le bel âge !
Des doux plaisirs c'est la saison,
De tes quinze ans fait bon usage :
A quinze ans l'Amour fait moisson.
Avant quinze ans une bergere
Est du nombre encor des enfans ;
Il faut avoir quinze ans pour plaire :
On n'est point belle avant quinze ans.

A quinze ans finit la culture ;
Le bouton alors devient fleur.
C'est à quinze ans que la nature

Parle à nos sens, nous donne un cœur.
A cinq ans, on verse des larmes ;
A dix, sont les jeux innocens :
A douze, les tendres alarmes :
Mais pour aimer il faut quinze ans.

MARÉCHAL.

LA FEINTE RUPTURE.

AIR: *Un jour Guillot trouva Lisette.* N°. 72.

Enfin je renonce aux délices
Que tu promettois à mon cœur ;
Je suis trop las de tes caprices ;
Je vais fuir ton regard vainqueur.
Adieu perfide Éléonore,   *Bis.*
Je saurai faire un autre choix :
Dans ces lieux tu me vois encore,
Mais c'est pour la derniere fois.   *Bis.*

Adieu... Mais quoi tu me rappelles !
Sans rougir tu me prends le bras !...
Pourquoi nos mains s'unissent-elles,
Quand nos cœurs ne s'entendent pas ?
Ah ! ce coup-d'œil vient de m'instruire,

Tu veux aller au petit bois...
Eh bien ! soit ; je vais t'y conduire ;
Mais c'est pour la derniere fois.

Que ta main est douce & bien faite !
Que tes bras sont éblouissans !
Qu'à travers cette collerette
J'apperçois d'attraits ravissans !
J'aurois fait mon bonheur suprême
De vivre toujours sous tes loix....
Tu vois encore combien je t'aime ;
Mais c'est pour la derniere fois.

Grands dieux ! que ton souris est tendre !
Comme il appelle le baiser !
En vain je voulois me défendre,
Je sens mon courroux s'appaiser.
Qui sourit avec tant de grace
Séduiroit les cœurs les plus froids...
Viens, fripponne, que je t'embrasse ;
Mais c'est pour la derniere fois.

Ainsi je croyois fuïr la belle,
Quand elle me dit tendrement :
Je ne feignis d'être infidelle
Que pour éprouver mon amant.

Pardonne-moi d'avoir pu craindre;
Rends à mon cœur ses anciens droits;
Le tien a sujet de se plaindre,
Mais c'est pour la derniere fois.
BONNIER DE LAYENS.

LE RAJEUNISSEMENT.

AIR : *Réveillez-vous, belle endormie.*

N°. 62.

L'AUTRE matin, je vis Thémire;
La belle a neuf lustres passés;
Mais on m'honora d'un sourire,
Et voilà dix ans d'effacés.

A cet âge on est peu farouche,
Sur-tout quand on est sans témoins;
Je cueille un baiser sur sa bouche,
Et c'est encor dix ans de moins.

Un soupir alors m'encourage;
Déjà, dans mes transports brûlans,
Tous ses appas sont au pillage,
Et voilà Thémire à quinze ans.
MASSON.

ROMANCES (*).

APOLLON ET DAPHNÉ.

AIR: N°. 79.

L'AMOUR m'a fait la peinture
De Daphné, de ses malheurs :
J'en vais tracer l'aventure,
Puisse la race future
L'entendre & verser des pleurs !

Daphné fut sensible & belle,

(*) Ra Romance nous vient des Espagnols. Le caractere qui la distingue n'est pas seulement la galanterie, qu'elle tient de ses inventeurs. Selon M. de Moncrif, qui peut servir de modele en ce genre, la Romance est une espece de petit poëme qui se chante, & dont le sujet doit être une action touchante, quelqu'histoire ou tendre ou tragique ; les vers en doivent être simples, faciles & naturels. La naïveté est le caractere principal de la Romance,

Apollon sensible & beau :
Sur eux l'Amour, d'un coup d'aile,
Fit voler une étincelle
De son dangereux flambeau.

Daphné, d'abord interdite,
Rougit, voyant Apollon.
Il approche, elle l'évite :
Mais fuyoit-elle bien vîte ?
L'Amour assure que non.

Le dieu qui vole à sa suite,
De sa lenteur s'applaudit.
Elle balance, elle hésite...
La pudeur hâte sa fuite,
Le desir la rallentit.

Il la poursuit à la trace,
Il est près de la saisir.
Elle va demander grace ;
Une nymphe est bientôt lasse,
Quand elle fuit le plaisir.

Elle desire, elle n'ose...
Son pere voit ses combats ;
Et, par sa métamorphose,

A sa défaite il s'oppose :
Daphné ne l'en prioit pas.

C'est Apollon qu'elle implore ;
Sa vue adoucit ses maux :
Et vers l'amant qu'elle adore,
Ses bras s'étendent encore
En se changeant en rameaux.

Quel objet pour la tendresse
De ce malheureux vainqueur !
C'est un arbre qu'il caresse ;
Mais, sur l'écorce qu'il presse,
Il sent palpiter un cœur.

Ce cœur ne fut point sévere,
Et son dernier mouvement
Fut, si l'Amour est sincere,
Un reproche pour son pere,
Un regret pour son amant.

MARMONTEL.

MYSIS ET ZARA.

AIR: N°. 80.

Ecoutez l'histoire
Du beau Mysis & de Zara :
Jamais leur mémoire
Chez les amans ne périra.
Venez tous m'entendre,
Vous que l'amour daigne inspirer ;
Quand on est bien tendre,
On a du plaisir à pleurer.

L'amour, dès l'enfance,
Venoit badiner avec eux ;
Il formoit leur danse,
Et présidoit à tous leurs jeux:
Mais ce badinage
Ne servoit qu'à les enflammer ;
Au matin de l'âge
Tous deux déjà savoient aimer.

L'ardente jeunesse
Est l'âge brillant des amours ;
La plus douce ivresse

Marque

Marqua le printems de leurs jours :
  Leur ame ravie
Se confondoit à tout moment ;
  Et toute leur vie
N'étoit plus qu'un enchantement.

  De rians menſonges
Les amuſoient dans leur ſommeil ;
  Toujours quelques ſonges
Leur faiſoient craindre le réveil.
  La naiſſante aurore
Voyoit Zara près de Myſis :
  Et la nuit encore
Les trouvoit toujours réunis.

  Voilà cette plaine,
Où le matin Zara chantoit ;
  Voilà la fontaine,
Où le ſoir Myſis l'attendoit.
  Ce bocage ſombre
Vit naître leurs premiers ſoupirs ;
  Ce bois, ſous ſon ombre,
Cacha leurs innocens plaiſirs.

  Qui pourroit prédire

Tome I.   H

Le changement d'un fort si beau?
L'Amour qui soupire
Va donc éteindre son flambeau ?
Hélas ! l'hyménée
Alloit bientôt les couronner.
Heure fortunée,
Que vous êtes lente à sonner !

C'étoit donc la veille
De ce jour, de cet heureux jour;
Que Mysis s'éveille;
Avec lui s'éveille l'Amour.
Le ciel sans nuage
Étoit mille fois plus serein,
Amour, quel présage
Peut désormais être certain ?

Au fond d'un bocage
Zara devoit trouver Mysis :
La belle, peu sage,
L'avoit dit au berger Tharsis :
Par une imposture,
Il surprit ce secret fatal ;
Cet ami parjure
De Mysis étoit le rival.

Romances.

Pour mieux la surprendre,
Tharsis dans le bois se cacha.
La belle, trop tendre,
Crut voir Mysis, & s'approcha.
Le soleil à peine
Répandoit un peu de clarté ;
Et l'ombre incertaine
Aidoit à la témérité.

C'est donc vous, dit-elle,
Vous, mon amant dès le berceau :
Ma flamme fidelle
M'animera jusqu'au tombeau.
Oui, je veux t'y suivre,
Rien ne pourra nous séparer ;
Pour toi je veux vivre,
Avec toi je veux expirer.

Bergere insensée !
Mysis t'écoute avec horreur ;
Son ame offensée
Se livre entiere à la fureur.
Un trait vole & frappe :
Quel cri suit ce trait inhumain !
Dieux ! Tharsis s'échappe,

Et Zara sent percer son sein.

C'est toi qui me tue !
Mais je pardonne à ta fureur :
Mon ame éperdue
T'aime jusques dans ton erreur.
Conserve la vie ;
Hélas ! je la perds sans retour ;
Tu me l'as ravie,
Mais c'est la faute de l'Amour.

D'une voix mourante,
Zara fait ainsi ses adieux ;
Et son ame errante
N'anime plus que ses beaux yeux.
O douleur mortelle !
Mysis se frappe au même instant,
Et perce auprès d'elle
Un cœur qui fut toujours constant.

Un tombeau s'éleve ;
Les Graces le couvrent de fleurs :
L'Amour qui l'acheve,
En partant l'arrose de pleurs.
Ils sont donc ensemble,
Ces bergers, ces amans parfaits !

Une urne rassemble
Leurs cœurs percés des mêmes traits.

Bergeres fidelles,
Témoins du sort de ces bergers,
Plus vous êtes belles,
Et plus vous courez de dangers.
Craignez de vous rendre
Au charme d'un penchant trop doux ;
L'amant le plus tendre
Devient bientôt le plus jaloux.
M. LE C. D. B.

ALEXIS ET ALIS.

AIR N°. 81.

Pourquoi rompre leur mariage,
Méchans parens
Ils auroient fait bon ménage
A tous momens !
Que sert d'avoir bague & dentelle
Pour se parer ?
Ah ! la richesse la plus belle
Est de s'aimer.

Quand on a commencé la vie
    Disant ainsi :
Oui, vous serez toujours ma mie,
    Vous mon ami.
Quand l'âge augmente encor l'envie
    De s'entr'unir,
Qu'avec un autre on nous marie,
    Vaut mieux mourir.

A sa mere, étant déjà grande,
    La pauvre Alis
A deux genoux un jour demande
    Son Alexis :
Ma mere, il faut par complaisance
    Nous marier.
Ma fille, je veux l'alliance,
    D'un conseiller.

La fille à cette barbarie
    Bien fort pleura.
Au couvent de Sainte-Marie
    On l'enferma.
Là, pendant trois ans éperdue,
    Elle a gémi,
Sans avoir un instant la vue
    De son ami.

Un jour, quelle malice d'ame!
  La mere a dit:
Alexis a pris une femme
  Sans contredit.
Et puis, lui montrant une lettre,
  Lui dit: Voyez;
Il vous écrit, c'eſt pour permettre
  Que l'oubliez.

Alors conſeiller & notaire
  Arrivent tous,
Le curé fait ſon miniſtere;
  Ils ſont époux.
Pour elle, hélas! feſtins & danſe
  Ne ſont qu'ennui,
Toujours lui vient la ſouvenance
  De ſon ami.

Le ſoir plus grande fâcherie
  Saiſit ſon cœur;
Sa mere, ſa tante la crie
  Toute en fureur.
Tout comme une brebis qu'on mene
  Droit au boucher,
La pauvrette en pleurant ſe traîne
  Pour ſe coucher.

Vrai Dieu ! qu'Alis, honnête & sage,
  Se conduit bien !
Tous autres soins que du ménage
  Ne lui font rien.
Voyant de son époux la flamme
  Qu'il lui portoit,
Elle lui donnoit de son ame
  Ce qui restoit.

Hélas ! son ame toute entiere
  A ses ennuis,
Gardoit son amitié premiere
  Pour Alexis.
Cinq ans, en dépit d'elle-même,
  Passa ses jours
A se reprocher qu'elle l'aime,
  L'aimant toujours.

Pour chasser de sa souvenance
  L'ami secret,
On se donne tant de souffrance
  Pour peu d'effet !
Une si douce fantaisie
  Toujours revient ;
En songeant qu'il faut qu'on l'oublie,
  On s'en souvient.

D'Alis dans sa mélancolie
 Un jour l'époux
Lui mene un marchand d'Arménie
 Pour des bijoux.
Ma moitié, fait quelques emplettes
 De son écrin;
Perles & nœuds sont des recettes
 Pour le chagrin.

Baise-moi, moutonne chérie,
 Je vais au plaid:
Tiens, prends de son orfèvrerie
 Ce qui te plaît.
L'argent n'est que pour qu'on se donne
 Quelque bon tems;
N'épargne rien: voilà, mignonne,
 Cent écus blancs.

Il part: le marchand en silence
 L'écrin montroit,
Qu'Alis avec indifférence
 Consideroit.
Chaque fois qu'il montra à la dame
 Perle ou saphir,
Chaque fois du fond de son ame
 Part un soupir.

En lui toute fleur de jeuneſſe
 Apparoiſſoit ;
Mais longue barbe, air de triſteſſe
 La terniſſoit.
Si de jeuneſſe on doit attendre
 Beau coloris,
Pâleur qui marque une ame tendre
 A bien ſon prix.

Mais Alis ſoucieuſe & ſombre
 Rien ne voyoit :
Pourtant aux longs ſoupirs ſans nombre
 Qu'il répétoit,
D'où lui vient, dit-elle en ſoi-même,
 Tant de chagrins ?
Ah ! s'il regrette ce qu'il aime,
 Que je le plains !

Las ! qu'avez-vous qui vous ſoucie
 Comme je voi ?
Si c'eſt d'aimer, je vous en prie,
 Dites-le moi.
Et ! que ſert de conter, Madame,
 Un déplaiſir,
Qui jamais, jamais de mon ame
 Ne peut ſortir.

Il est un trésor dans le monde
  Que je connois :
Long-tems en espoir je me fonde
  Que je l'aurai ;
Et plus mon amitié ravie
  Crut l'obtenir ,
Tant plus j'aurois donné ma vie
  Pour le tenir.

Le voir cent fois dans la journée
  Me plaisoit tant !
Je l'emportois en ma pensée
  En le quittant.
Lorsqu'un démon , par grand rancune ,
  Vint l'enlever ;
Et d'un autre en fit la fortune
  Pour m'en priver.

Dirai-je ma douleur profonde
  Quand je l'appris ?
Pour m'en aller au bout du monde
  M'en départis.
Non , que jamais en moi je pense
  De l'oublier :
Mais pour mourir de ma constance
  A le pleurer.

Marchand, eſt-ce or en broderie
 Que ce tréſor ? ---
Madame, hélas ! ce que j'envie
 Surpaſſe l'or. ---
Sont-ce rubis ? --- J'aurois ſans peine
 Rubis perdu. ---
C'eſt donc le trouſſeau de la reine ? ---
 Ah ! c'eſt bien plus.

Depuis qu'on vint par grand dommage,
 Me la ravir,
J'en ai tiré la chere image
 De ſouvenir :
J'ai, la voyant, l'ame remplie
 De déſeſpoir,
Et ne garde pourtant la vie
 Que pour la voir.

Ne tardez pas, je vous en prie,
 Arménien :
Que cette image tant chérie
 Je voie enfin.
Lors, avec un ſoupir qu'il jette
 Plus loin encor,
De ſon ſein tire une tablette
 Dans un drap d'or.

Alis soudain prit la dorure,
  La déplia,
Sur la tablette, d'écriture
  Ces mots trouva :
« Ici je contemple à toute heure
  » Dans les soupirs,
» Je garde tout ce qui demeure
  » De mes plaisirs. »

Alors Alis la tablette ouvre
  Tant vîtement :
Eh ! qu'est-ce donc qu'elle y découvre
  Pour son tourment ?
La voilà toute évanouie
  A cet aspect.
Qui n'eût même transe sentie ?
  C'est son portrait.

Alis, mon Alis tant aimée :
  Hélas ! c'est moi ;
Alis, Alis tant regrettée,
  Ranime-toi.
Ton Alexis vient de Turquie
  Tout à l'instant,
Pour te voir & quitter la vie
  En te quittant.

Par ces tristes mots ranimée,
    Alis parla :
Alexis, j'ai ma foi jurée,
    Un autre l'a :
Je ne dois vous voir de ma vie
    Un seul instant ;
Mais ne mourrez pas, je vous prie,
    Partez pourtant.

Voulant, pour complaire à sa mie,
    Partir soudain,
Avant que pour jamais la fuie,
    Lui prend la main.
L'époux survient.... A cette vue
    Tout en fureur,
Leur a d'une dague pointue
    Percé le cœur.

Alexis mort, Alis mourante,
    Les yeux baissés,
Dit : Je péris, mais innocente,
    Ce m'est assez :
Mon époux, votre barbarie
    Verse mon sang :
Je meurs, sans regretter la vie,
    En vous plaignant.

Depuis cet acte de sa rage,
    Tout effrayé,
Dès qu'il fait nuit, il voit l'image
    De sa moitié,
Qui du doigt montrant la blessure
    De son beau sein,
Appelle, avec un long murmure,
    Son assassin.

DE MONCRIF.

LUCY ET COLIN.

AIR: *Tu croyois en aimant Colette.*

Nº. 37.

Écoutez-moi, faciles belles,
Apprenez à fuir les trompeurs;
Écoutez, amans infideles,
La peine due aux suborneurs.

Lucy, des filles de Vincennes,
Étoit la plus riche en attraits;
Jamais l'eau pure des fontaines
Ne réfléchit de plus beaux traits.

Hélas! des peines trop cuisantes,
Hélas! un amoureux souci
Vint ternir les roses brillantes
Sur le tein vermeil de Lucy.

Vous avez vu souvent l'orage,
Qui courboit les lys d'un jardin!
De ces lys elle étoit l'image,
Et déjà penchoit vers sa fin.

Par trois fois on entend la cloche
Dans le silence de la nuit;
Par trois fois le corbeau s'approche,
Frappe aux vitres, crie & s'enfuit.

Ce cri, cette cloche cruelle...
Lucy comprit tout aisément;
Aux filles en pleurs autour d'elle,
Elle dit ces mots en mourant:

Cheres compagnes, je vous laisse;
Une voix semble m'appeller,
Une main que je vois sans cesse
Me fait signe de m'en aller.

L'ingrat que j'avois cru sincere,

Me fait mourir, si jeune encor :
Une plus riche a su lui plaire :
Moi qui l'aimois, voilà mon sort.

Ah, Colin ! ah ! que vas-tu faire ?
Rends-moi mon bien, rends-moi ta foi.
Et toi, que son cœur me préfere,
De ses baisers détourne-toi.

Dès le matin en épousée
A l'église il te conduira ;
Mais, homme faux, fille abusée,
Songez que Lucy sera là.

Filles, portez-moi vers ma fosse ;
Que l'ingrat me rencontre alors,
Lui, dans son bel habit de nôce,
Et Lucy sous le drap des morts.

Elle expire ; on creuse sa fosse,
Et l'époux la rencontre alors,
Lui dans son bel habit de nôce,
Et Lucy sous le drap des morts.

Que devient-il ? son cœur se serre :
Un froid mortel vient le transir,

Qu'a-t-il vu ? Lucy qu'on enterre,
Et Lucy qu'il a fait mourir.

Il tombe, chacun se disperse ;
L'épouse fuit loin de ce deuil.
Colin, baigné des pleurs qu'il verse,
Reste éperdu sur le cercueil.

Vaine & tardive repentance !
Pleurant ses premieres amours,
Aux suites de son inconstance
Il ne survécut que deux jours.

Près de son amante fidelle
Les bergers l'ont porté, dit-on ;
Et Colin repose avec elle,
Couvert par le même gazon.

La tombe reçoit mille offrandes ;
Deux à deux les amans constans
S'en viennent l'orner de guirlandes,
Au retour de chaque printems.

Vois cette pierre, amant volage,
Et crains un semblable destin ;
Avant que ton cœur se dégage,
Souviens-toi du sort de Colin.

LE MIERRE.

EDWIN ET EMMA (*).

AIR: N°. 82.

Au fond d'une heureuse vallée,
Dans l'enceinte d'un bois épais,
Une humble chaumiere isolée
Cachoit l'innocence & la paix.

(*) L'événement qui fait le sujet de cette Romance est arrivé à Bowes, dans l'Yorkshire, en Angleterre. Le nom du jeune homme étoit Wrighton, & celui de la fille Railton. Ils étoient du même âge & de la même condition, mais d'une fortune inégale. Le pere de Wrightson, vieillard riche & intéressé, traita, avec le mépris le plus insultant, la belle Railton, lorsqu'il sut qu'elle avoit fixé le cœur de son fils. Ce jeune homme tomba malade & mourut huit jours après. Le dernier jour de sa maladie il obtint de revoir sa maîtresse, qui de retour chez elle, entendant la cloche qui sonnoit la mort de son amant, s'écria, *que son cœur se déchiroit*, & expira. Le regiftre de la paroisse porte, qu'ils font morts d'amour, & qu'ils ont été inhumés dans la même tombe le 15 Mars 1714.

Là vivoit (c'est en Angleterre)
Une mere dont le desir
Étoit de laisser sur la terre
Sa fille heureuse, & puis mourir.

Par sa beauté, par sa sagesse,
Emma faisoit sans le savoir,
Languir les garçons de tendresse,
Et les filles de désespoir.
Par hasard s'offrit à la belle
Edwin, dont le simple regard,
D'une ardeur chaste & mutuelle,
Devoit toucher un cœur sans fard.

Emma ne fut point offensée
Des vœux d'un amant ingénu ;
Car il n'avoit point de pensée
Qui dût cacher à la vertu.
Mais un pere avare & sauvage
Refuse à l'amant écouté
Une fille sans apanage,
Qui n'a pour dot que sa beauté.

A l'autorité paternelle,
Que rien ne sauroit désarmer,

Edwin n'osoit être rebelle,
Mais ne pouvoit cesser d'aimer.
Ce pauvre amant passe, repasse,
Non chez Emma, mais tout autour,
Surprend un coup-d'œil, voit la place
Qu'elle arrosoit de pleurs d'amour.

Souvent la nuit, au clair de lune,
L'entend, près de l'humble jardin,
Lamenter leur triste infortune
Jusques à l'aube du matin.
Bientôt cet état qui l'oppresse,
Jamais se voir, toujours s'aimer,
Dans l'insomnie & la tristesse
Acheve de le consumer.

Edwin, sous les yeux de son pere,
Languit, malade au lit de mort.
Cet homme alors se désespere,
Et voudroit réparer son tort.
C'est trop tard : le ciel que j'implore,
Va, dit le fils, finir mes jours ;
Mais laissez-moi revoir encore
Celle que j'aimerai toujours.

Emma vient ; le cœur plein d'alarmes,

Auprès du lit de son amant,
Et voyant périr tant de charmes,
Tombe sans voix, sans mouvement.
On les sépare : Edwin se pâme,
Cherchant de l'œil sa chere Emma,
Comme s'il vouloit rendre l'ame
Dans les bras de ce qu'il aima.

Après sa longue défaillance,
Rendue au jour, mais sans espoir,
Emma garde un profond silence,
Et s'en retourne vers le soir.
Passant le long d'un cimetiere,
Elle entend l'oiseau de la nuit ;
Puis, traversant une bruyere,
Croit voir une ombre qui la suit.

Adieu, lui dit la voix mourante
De l'ombre attachée à ses pas.
Lors elle entend, toute tremblante,
La cloche qui sonne un trépas.
Elle arrive au toit solitaire,
Frappe à la porte avec effroi :
C'en est fait, dit-elle, ô ma mere !
Et de mon amant & de moi.

A ces mots, au feuil de la porte,
Où sa mere l'appelle en vain,
Dans ses bras elle tombe morte,
Morte d'amour pour son Edwin.
Ces amans reposent ensemble,
Morts l'un pour l'autre au même jour,
Et la tombe à jamais rassemble
Ceux que devoit unir l'Amour.

DE LAIRE.

LISE ET MAINFROI.

AIR: N°. 83.

Au tems jadis, un chevalier
Trouvant au bois gente bérgere,
Lui dit : Il faut nous marier,
Sans curé, parens, ni notaire.

Quand on brûle de franche ardeur,
Quel besoin est-il d'autre chose ?
Pour gage, je t'offre mon cœur ;
Pour dot, je ne veux que ta rose.

Votre cœur n'est pas fait pour moi;

Si ma rose fait votre envie,
Nul galant, dût-il être roi,
Ne l'obtiendra qu'avec ma vie.

Malgré ses cris, au même instant
Il ravit cette fleur chérie ;
Puis il lui dit en la quittant,
Ne craignez rien pour votre vie.

Lise au comble de sa douleur,
De l'œil en vain suit le coupable,
Et sent d'autant mieux son malheur,
Que le vainqueur étoit aimable.

Mais fut-il vicomte ou baron,
Lise lui déclare la guerre ;
Pourvu qu'elle sache son nom,
Son rang ne l'inquiete guere.

Car sans ce nom, quel dieu pourra
Seconder les vœux qu'elle forme ?...
Un hermite, qui prioit là,
Le connoissoit, & l'en informe.

Ah, ciel ! dit-elle, j'entrevoi
Ce que ta bonté me prépare....
Edgar

Edgar est juste : il est mon roi ;
Il m'entendra ; tremble, barbare !

Lise vole, arrive à la cour,
Et de voir le prince attend l'heure ;
Qui l'aidera dans ce séjour ?...
Mais Lise est belle, & Lise pleure.

Jeune, aimable, comme au printems
Plaît à tous les yeux la nature,
Les moins sensibles courtisans
Partagent les maux qu'elle endure.

Edgar, qui s'avance à l'instant,
Parmi la foule la remarque :
La bergere approche en tremblant,
Et se jette aux pieds du monarque.

Sa voix s'épuise en longs sanglots,
Et la pauvre Lise troublée,
Articule à peine ces mots :
Sire, justice !... on m'a volée. ---

Quoi ? --- Ce que je gardois le mieux ;
Ce que par force il a su prendre ;

Mon tréfor le plus précieux,
Et qu'en vain il voudroit me rendre.

Eft-ce velours, eft-ce drap d'or,
Qui de tant de larmes font caufe ? ---
Ah, Sire ! c'eſt bien plus encor. ---
Que vous a-t-il donc pris ? --- Ma rofe.

Si le raviffeur eft garçon,
Pour époux ton roi te l'accorde :
S'il ne l'eft, quel que foit fon nom,
Il mourra fans miféricorde.

On l'appelle.... c'étoit Mainfroi,
Frere de la reine Mycée...
J'en fuis fâché, lui dit le roi,
Mais la fentence eft prononcée.

Mainfroi l'appaife vainement.
Le roi fort & les laiffe enfemble ;
Terraffé par ce jugement,
Mainfroi fe tait, & Life tremble.

Par crainte & par orgueil plus doux,
Bientôt il la flatte, il s'excufe,

Il offre argent, or & bijoux ;
Mais la bergere tout refuse.

Garde ton or & tes bijoux,
Mainfroi : ton erreur est extrême :
Si du roi tu crains le courroux,
Je ne veux de toi... que toi-même.

Cruelle ! c'est trop m'outrager :
Quoique je mérite de blâme,
La fille d'un chétif berger
Jamais ne deviendra ma femme.

De mes biens choisis les plus beaux ;
Viens, & partage ma richesse ;
Prends le premier de mes châteaux,
Et de Mainfroi sois la maîtresse.

Non, tu dois être mon époux :
Le roi le veut, l'honneur l'ordonne.
Lise, pour un trésor si doux,
Refuseroit une couronne.

Dussé-je dès le lendemain
Comme esclave me voir vendue ;

I ij

Duſſé-je périr de ta main,
Je la réclame, elle m'eſt due.

A ce diſcours, le fier Mainfroi
Connoît l'amour, cede à ſes larmes...
Viens au temple, je ſuis à toi :
Viens, Liſe ; rends grace à tes charmes.

Déjà, par les mains de l'Amour,
La jeune bergere eſt parée,
Et du roi même, avec ſa cour,
A l'autel ſe voit entourée.

C'eſt à vous, dit-elle, grand roi,
Que je dois ce bonheur ſuprême...
Mais quand tu veux bien être à moi,
Mainfroi... je te rends à toi-même.

Chez moi l'honneur eſt ſatisfait,
Qui me l'ôta fait me le rendre ;
Et chez moi l'amour gémiroit,
Si plus long-tems j'oſois l'entendre.

Tandis que je vais dans les bois
Garder les troupeaux de mon pere,
Puiſſes-tu du moins quelquefois,
Te ſouvenir de ta bergere !

Mainfroi s'écrie avec transport,
Arrête... daigne être ma femme...
Si la beauté forma ton corps,
Le ciel même a formé ton ame.

Edgar lui-même, avec sa cour,
Se joint à Mainfroi, qui supplie...
Et Lise enfin cede à l'amour,
Qui fit le charme de leur vie.

LICAS ET HÉLENE.

AIR: *Alexis depuis deux ans.* N°. 84.

Au châtel de ses aïeux
  Habitoit Arsene,
Qui, par accident fâcheux,
  Avoit perdu les yeux.
Auprès de lui, sa fille Hélene,
Étoit le soutien de ses jours;
Hélene adoucissoit sa peine,
En lui prodiguant ses secours.

Venu de loin, Lycas
  Faisant long voyage,

Vit Hélene & ses appas;
Puis il se dit tout bas:
Quel est donc ce gentil visage?
Rien qu'à le voir, l'aime déjà:
Ah! si je pouvois davantage!...
En y pensant il s'en alla.

Il fit deux pas, puis revint
Pour revoir sa belle:
Il l'entend... il veut... il craint...
D'être malade il feint.
Ami, qu'avez-vous? lui dit-elle:
Venez vous reposer chez nous;
Venez prendre force nouvelle,
Afin de retourner chez vous.

Lycas joyeux, mais tremblant,
Suit ses pas sans peine;
La pâleur d'amour lui rend
L'air encor plus touchant.
Il est devant le vieil Arsene,
Qui lui tend aussi-tôt la main;
Lycas y joint celle d'Hélene,
Toutes deux les met sur son sein.

Ma blessure est dans mon cœur,

Dit Lycas au pere;
Hélene en eſt ſeul l'auteur,
Et voilà mon malheur.
Je n'ai pour bien qu'une chaumiere,
Pour héritage des vertus;
Si vous écoutez ma priere,
Vous aurez un enfant de plus.

Hélene lui répondit,
D'une voix émue:
Tu vois mon pere qui languit,
Et rien ne le guérit:
Mais à qui lui rendroit la vue,
Ma main eſt prête avec mon cœur;
Si tu fais quelqu'herbe inconnue,
Je me donne à ſon bienfaiteur.

Lycas, dès avant le jour,
Sort avec myſtere,
Encouragé par l'amour
Il vole à ſon ſéjour.
Il raconte tout à ſa mere
Qui poſſédoit depuis long-tems
Baume ſecret & ſalutaire,
Unique dot de ſes parens.

Il revient, & tout joyeux,
 Du vieillard Arſene
Il exprime ſur les yeux
 Le baume précieux.
Le pere auſſi-tôt voit Hélene,
Croit que c'eſt un ſonge qu'il fait :
Mais ce n'eſt pas une ombre vaine,
Sa fille eſt le prix du bienfait.
MARÉCHAL.

HYLAS ET ELMIRE.

AIR : *N'eſt-il amour ſous ton empire que des rigueurs ?* N°. 85.

LE jeune Hylas, la jeune Elmire
 S'aiment tous deux,
Déjà l'un pour l'autre ſoupire
 Dans l'âge heureux,
Où le beſoin de plaire inſpire
 De tendres feux.

De leurs parens l'ordre barbare
 Me fait frémir.
Hélas ! bien loin qu'on ſe prépare

A les unir,
Voilà qu'un jour on les sépare :
Autant mourir.

Méchans parens ! est-il possible ?
Que ferons-nous ?
Est-ce un forfait d'être sensible ?
Soyez plus doux.
Ah ! le crime est d'être inflexible
Ainsi que vous.

Ainsi parloit à sa maîtresse
Le tendre amant.
On veut détruire leur tendresse,
Mais vainement,
Ils n'en perdront la douce ivresse
Qu'au monument.

Elmire va prier sa mere
A deux genoux :
Oh ! si jamais je vous fus chere,
Point de courroux ;
Nommez celui que je préfere
Pour mon époux.

Mais Hylas est dans l'indigence ;

Revers fatal !
L'argent fait pencher la balance
Pour son rival.
Mon Dieu ! que la richesse en France
A fait de mal !

Loin de son amante fidelle
Que fait Hylas ?
Sa chere Elmire qu'il appelle
Ne l'entend pas.
Il jure de n'adorer qu'elle
Jusqu'au trépas.

Mais un cruel pour le surprendre,
Vient, & lui dit
Que pour un autre, Elmire est tendre,
Et le trahit.
Las ! un amant peut-il entendre
Un tel récit !

Hylas s'écrie : O trouble extrême !
O jour d'effroi !
Mon Elmire, Elmire elle-même
Manque de foi !
Celui qu'elle épouse & qu'elle aime,
Ce n'est pas moi !

Cependant la pauvre victime
     Est à l'autel.
Quel espoir, dit-elle, t'anime,
     Tyran cruel?
Peux-tu bien commander un crime
     Au nom du ciel?

L'époux rempli de barbarie,
     Lui prend la main.
Hylas, guidé par sa furie,
     Entre soudain.
Elmire le voit & s'écrie:
     Dieux, quel destin!

Connois, dit-il, connois le zele
     D'un cœur constant.
Il a pris sa dague mortelle
     Au même instant;
Puis il s'en frappe aux yeux de celle
     Qu'il aimoit tant.

O Dieu! comment croire, dit-elle,
     Ce que je voi?
Hylas, dans la nuit éternelle,
     Descend pour moi!

Mon cher Hylas, je suis fidelle
    Autant que toi.

On voulut en vain me défendre
    Ton souvenir.
Elmire a su, loin de se rendre,
    Te prévenir ;
Et le poison que j'osai prendre
    Va nous unir.

Mais à ces mots... Ciel comment dire
    Un tel tourment ?
Ah ! plaignez la sensible Elmire
    Et son amant.
Ce couple malheureux expire
    En s'embrassant.

FRANÇOIS DE NEUFCHATEAU.

HÉRO ET LÉANDRE (*).

AIR: N°. 86.

Je vais vous conter l'aventure
D'un jeune amant né dans Seſtos,
Dont la mer fut la ſépulture
En navigeant vers Abydos.
Long-tems il eut le ſort proſpere,
Dans ce trajet ſi dangereux :
Las ? il devint trop téméraire
Pour avoir été trop heureux.

Trompant une injuſte contrainte,
Et les parens & les rivaux,
Léandre, incapable de crainte,
Chaque nuit traverſe les flots.

(*) Héro étoit prêtreſſe de Vénus. Léandre, jeune homme de la ville d'Abydos, l'aima tellement qu'il paſſoit à la nage l'Helleſpont pour l'aller voir pendant la nuit. Elle allumoit, au haut d'une tour, un flambeau pour l'éclairer, mais Léandre à la fin ſe noya, & Héro ſe jeta de déſeſpoir dans la mer.

Héro l'attend, Héro timide
Fait briller, du haut d'une tour,
Un flambeau qui lui sert de guide ;
C'étoit le phare de l'Amour.

Dieux, quel moment ! quand cette belle
Entre ses bras pourra presser
L'amant qui s'exposa pour elle
Et qu'il faudra récompenser.
Il vient... il est nud... on l'embrasse...
Il est encor trempé des flots :
Mais le premier baiser efface
Le souvenir de tous ses maux.

Il n'est point de bonheur durable ;
Telle est la loi de l'univers.
Héro, tu parus trop aimable,
Aux yeux du souverain des mers.
Caressant une Néréide,
Il avoit vu, d'un œil jaloux,
L'amant, qui, d'un cœur intrépide,
Va chercher des plaisirs plus doux.

Effrayons, dit-il, son audace.
Déjà les flots sont soulevés ;
Le bruit de leur courroux menace

Celui qui les a tant bravés.
Léandre à cet aspect balance;
Mais il songe au prix qui l'attend;
Dans l'onde aussi-tôt il s'élance.
J'en sais qui n'en feroient pas tant.

Il va luttant contre l'orage.
O dieu! dit-il, qui me poursuis,
Faut-il que mon bonheur t'outrage?
Je sens trop que tu m'en punis.
Ah! s'il faut que l'onde engloutisse
Le mortel dont Héro fit choix,
Que Léandre, avant qu'il périsse,
Soit heureux encore une fois.

Hélas! sa derniere espérance,
Le fatal flambeau s'éteignit;
Il va, flottant sans assistance,
Dans la tempête & dans la nuit.
Et cependant d'horreur saisie,
Héro, dans sa funeste tour,
Tremble que la mer en furie
N'ait pas épouvanté l'amour.

Le jour renaît; pâle & craintive,
Elle s'avance en frémissant:

Les flots avoient jufqu'à la rive
Porté le corps de fon amant :
Héro le voit. Ames fenfibles,
Que l'Amour bleffe de fes traits,
Peignez-vous ces momens horribles,
Et ne les éprouvez jamais.

A fa douleur elle fuccombe,
Dans l'onde elle s'enfevelit.
L'Amour, dans une même tombe,
A Léandre la rejoignit;
Et chaque jour, fur ce rivage,
En fe reprochant fes fureurs,
Neptune, à ce tombeau fauvage,
Porte le tribut de fes pleurs.

ENVOI A MAD...

Il ne faut point braver l'orage,
C'eft un parti trop dangereux ;
Il vaut bien mieux fur le rivage
Attendre un deftin plus heureux.
Mais fi pour vous, par imprudence,
J'affrontois l'humide féjour,
Je voudrois du moins l'affurance
De n'être noyé qu'au retour.

PÉTRARQUE.

AIR: N°. 87.

Du rivage de Vaucluse,
L'amant de Laure en ces mots,
En s'éloignant de sa muse,
Fit retentir les échos:
O toi, qui plains le délire
Où Laure a plongé mes sens,
Rocher, qu'attendrit ma lyre,
Redis encor mes accens.

En répondant à mes plaintes,
Échos, vous avez appris
Quels sont les vœux & les craintes
D'un cœur tendre & bien épris,
N'oubliez pas ce langage,
Et si Laure quelquefois
Vient rêver sur ce rivage,
Imitez encor ma voix.

Dites-lui que de ses charmes
Tous mes sens sont occupés:
Dites-lui que de mes larmes

Toujours mes yeux font trempés,
Ma voix ne chantera qu'elle,
Mon souvenir ne fera
Qu'un miroir pur & fidele,
Où l'amour me la peindra.

Dites-lui que son image
Me suivra dans le sommeil,
Et recevra pour hommage
Le soupir de mon réveil ;
Que mon oreille attentive
Croira sans cesse écouter
Les sons que sa voix plaintive
Vous fit cent fois répéter.

Jurez-lui qu'en vain les Graces
Viendroient pour me consoler :
Que les Amours sur mes traces
Sans cesse auroient beau voler.
A leur troupe enchanteresse
Je dirois, dans ma douleur,
Rendez Laure à ma tendresse,
Ou laissez couler mes pleurs.

Insensible à tout, loin d'elle,
Rien ne flatte mes desirs :

Je me croirois infidele
De goûter quelques plaisirs.
Sur une rive étrangere,
Où le destin me conduit,
Une espérance légere
Est le seul bien qui me suit.

Mais si Laure m'est ravie,
Si je ne dois plus la voir,
Je perdrai bientôt la vie,
Quand j'aurai perdu l'espoir.
Puisse la Parque appaisée
Me laisser, après ma mort,
Préférer à l'Élysée
Les ombrages de ces bords.

MARMONTEL.

LUCRECE.

AIR : *L'amour m'a fait la peinture.* N°. 79.

Dans cette belle contrée,
Où le Tibre en ses replis,
Roule son onde dorée
Ma vue, au loin égarée,
Erroit parmi des débris.

Le dieu des ombres légeres
M'invitoit au doux repos,
Quand d'antiques caracteres
Suspendirent mes paupieres,
Qu'alloient fermer ses pavots.

C'étoit la triste aventure
De Lucrece & de Tarquin ;
J'en ai tracé la peinture.
Puisse la race future
Me savoir gré du larcin.

Lucrece eut une ame tendre,
Avec un cœur vertueux :
Tarquin ne put s'en défendre,
Et le défaut de s'entendre
Fit le malheur de tous deux.

Un jour tout parfumé d'ambre,
Méditant d'heureux efforts,
Il la surprit dans sa chambre :
On n'avoit point d'antichambre,
On n'annonçoit point alors.

Lucrece reste muette ;
Mais bientôt prenant un ton...

Romances.

Elle court à sa sonnette :
Il en avoit en cachette
Exprès coupé le cordon.

A ses pieds il tombe, il jure
Qu'il sera respectueux :
Que sa flamme est vive & pure...
On dit qu'en cette posture
Un homme est bien dangereux.

Tarquin devient téméraire :
Lucrece a recours aux cris ;
Elle tombe en sa bergere.
Le pied glisse d'ordinaire
Sur un parquet sans tapis.

Auprès d'une femme aimable
Il est des torts à punir.
Je ne sais s'il fût blâmable ;
Il faut être bien coupable,
Pour l'être au sein du plaisir.

Dans le courroux qui l'enflamme,
Lucrece cede au dépit :
On dit qu'elle en rendit l'ame.
Dans notre siecle une femme
A plus de force d'esprit.

DE SAINT-PÉRAVI.

ALEXANDRINE.

Romance sur une Dame qui avoit quitté le rouge a vingt-deux ans.

Air: *Des folies d'Espagne.* N°. 88.

Dame d'esprit, de corps qu'elle étoit belle !
Trop belle, hélas ! de plus de la moitié.
Comment le ciel rassembla-t-il en elle
Ce qu'on envie & ce qui fait pitié ?

D'Alexandrine, hélas ! voilà l'image :
Pour l'offrir mieux à l'esprit, aux regards,
Imaginez, dans un seul personnage,
Conti, Rohan, d'Aiguillon & Villars.

Alexandrine, objet tant admirable,
Trésor d'esprit, de talens & d'appas.
Vous aviez donc tout ce qui rend aimable,
Oui, tous les dons, & ne le saviez pas.

On me dira : Voyez la belle histoire !
On est charmant, on l'ignore ! Non, non ;
Au fond du cœur, ne voulant pas le croire,
La plus modeste en a quelque soupçon.

Non, celle-ci ne connoît, ne respire
Rien que vertu ; c'est sa beauté, son bien.
Comment songer aux ardeurs qu'elle inspire?
Elle jugeoit tous les cœurs sur le sien.

Je vois encor, lorsqu'elle alloit au temple,
Les yeux s'ouvrir & les cœurs se troubler ;
Un seul moment, si-tôt qu'on la contemple,
Adieu raison ; il n'en faut plus parler.

L'un se disoit : Moi, sa vertu m'enchante,
Non sa beauté : c'est un frêle ornement.
L'autre pensoit : Que mon ame est contente!
J'aime l'esprit, & le sien est charmant.

O gens de bien ! c'est ainsi qu'on s'abuse:
Respect, estime, est langage emprunté ;
Sous un faux nom le sentiment s'excuse,
Tout est amour auprès de la beauté.

Mais ses amans, dans le fond de leur ame,
Cachent leurs feux, dissimulent leurs maux.
On la connoît, c'est son dieu qui l'enflamme,
Et ce vainqueur n'aura point de rivaux.

L'un d'eux pourtant, ambulante pagode,

Avec éclat se produit sur ses pas,
Brillans atours, mots, mimes à la mode
Sont employés; on ne l'apperçoit pas.

De tels muguets que l'engeance est méchante,
Malheur à qui s'en laisse environner !
Ils vont lorgnant une belle innocente,
Se disputant l'honneur de la damner.

En vers galans, faits pour Alexandrine,
Notre indiscret son amour étala :
Les voici tels qu'un jour à la sourdine
Sur sa toilette un grison les coula.

« Si vous jugez crimes impardonnables
» Les feux d'amour dont on brûle pour vous,
» Vous ne verrez jamais que des coupables;
» Mais, croyez-moi, je le suis plus qu'eux tous. »

Fuyons, dit-elle, en sa douleur profonde;
Allons gémir au fond des monumens.
Comment peut-on vivre en paix dans le monde,
Quand par malheur on y fait des amans.

Dès

Dès cet inſtant, voilant toujours ſes charmès,
Dans l'appareil du plus funeſte deuil,
Pour paſſe-tems elle verſoit des larmes,
Et pour ſopha elle avoit un cercueil.

Dans ſon printems voir le talent de plaire
Comme un malheur; vouloir s'en délivrer:
Quel rare exemple ! Un ange de lumiere
Vint tout exprès du ciel pour l'admirer.

O Chérubins, tremblez ! elle eſt trop belle;
Fermez les yeux; craignez un tel écueil.
La chûte, hélas ! eſt bien plus naturelle
De ſuccomber à l'amour qu'à l'orgueil.
DE MONCRIF.

COUPLETS
DÉTACHÉS.

Air: N°. 89.

Plus inconstant que l'onde & le nuage,
Le tems s'enfuit, pourquoi le regretter ?
    Malgré la pente volage
    Qui le force à nous quitter,
      En faire usage,
      C'est l'arrêter.
Saisissons ses faveurs ;
Et si la vie est un passage,
    Sur ce passage
Au moins semons des fleurs.
DE MONCRIF.

Couplets détachés.

Air de Joconde. N°. 65.

TIRCIS vous apprend des chansons
  Où le cœur s'intéresse ;
On dit qu'il y joint des leçons
  Qui parlent de tendresse :
Fuyez ce charme séducteur,
  C'est un plaisir funeste.
L'oreille est le chemin du cœur,
  Et le cœur l'est du reste.
          MLLE. DE SCUDERY.

AIR : *Vous qui du vulgaire stupide.* N°. 8.

L'EAU qui caresse ce rivage,
  La rose qui s'ouvre au zéphir,
Le vent qui rit sous ce feuillage,
Tout dit qu'aimer est un plaisir.
De deux amans l'égale flamme
Sait doublement les rendre heureux ;
Les indifférens n'ont qu'une ame,
Lorsque l'on aime on en a deux.
          Par le même.

AIR : *Que ne suis-je la fougere.* N°. 12.

DANS les jours de la folie,
On jouit sans rien prévoir :
En avançant dans la vie,
Nos seuls biens sont dans l'espoir,
La vieillesse encor projetées ;
Mais avant d'exécuter,
L'heure sonne, & l'on regrette,
Sans avoir à regretter.
   MADAME LA MARQUISE DE...

Air de Joconde. N°. 65.

D'ADAM nous sommes tous enfans,
 La preuve en est connue ;
Et que tous nos premiers parens
 Ont mené la charue :
Mais las de cultiver enfin
 Sa terre labourée,
L'un a dételé le matin,
 L'autre l'après-dînée.
    DE COULANGES.

AIR : *Au bord d'un clair ruisseau.* N°. 51.

JULIE est sans desirs :
C'est un bouton de rose
Que la nature arrose
Et dispose à s'ouvrir ;
Dans son cœur sans détour,
Il n'est pas jour encore :
Il attend pour éclore
Quelque rayon d'amour.

AIR : *Que ne suis-je la fougere.* N°. 12.

IL faut bien à la jeunesse
Passer quelqu'amusement ;
Une amoureuse foiblesse
N'est pas un crime si grand :
Quand le dieu d'amour nous blesse,
Pour excuse on a souvent
L'exemple de la sagesse,
Qui, sans bruit, en fait autant.

AIR : *Philis demande son portrait.* N°. 74.

SI Tircis alloit deviner
    Combien il m'intéresse,
Je ne pourrois me pardonner
    L'excès de ma foiblesse.
Hélas ! contraignez-vous, mes yeux,
    Vous avez l'air trop tendre ;
Mon cœur, taisez-bien tous mes feux :
    Un soupir peut s'entendre.
            MADAME DE C.

Même air que le précédent.

IRIS, vous connoîtrez un jour
    Le tort que vous vous faites :
Le mépris suit de près l'amour
    Qu'inspirent les coquettes.
Cherchez à vous faire estimer,
    Plus qu'à vous rendre aimable ;
Le faux honneur de tout charmer,
    Détruit le véritable.
            DE FÉNÉLON.

AIR : *De l'oiseau qui t'a fait envie.* N°. 14.

Des combats le dieu redoutable
Jadis à Vénus fit sa cour :
Pour lors, si l'on en croit la fable,
Le Plaisir engendra l'Amour.
Au doux auteur de sa naissance
Bornant sa gloire & son desir,
Tous les jours, par reconnoissance,
L'Amour engendre le Plaisir.

Sur le même air.

Du dieu qui fait que l'on soupire,
Cessez d'appréhender les feux.
Iris, on a tort de vous dire
Qu'il rend tous les cœurs malheureux.
On peut à ses ardeurs divines
Céder, sans de fâcheux retours :
Quoique la rose ait des épines,
On ne s'y blesse pas toujours.

Sur le même air.

Sur la rose une jeune abeille
Dérobe un précieux butin ;
Sur cette fleur aussi vermeille
Vois-tu les traces du larcin ?
Tel ce doux baiser de ta bouche
N'a point altéré ta beauté ;
Églé, ne sois point si farouche,
Mon bonheur né t'a rien ôté.

AIR : *L'avez-vous vu, mon bien-aimé.*

N°. 32.

Tu veux des vers sur l'amitié :
　　En chanson que lui dire ?
C'est un sentiment oublié,
　　Dès qu'on te voit sourire :
On n'a point d'amis à vingt ans ;
Flore, Hébé n'ont que des amans :
　　C'est aux Zéphirs,
　　C'est aux Plaisirs
　　A tresser la couronne :

Du printems goûtons les loisirs,
Avant ceux de l'automne.

AIR : *Que ne suis-je la fougere.* N°. 12.

Tu disois que l'amour même
Ne pourroit m'ôter ton cœur :
Tu trouvois le bien suprême
A me prouver ton ardeur:
Tu me peignois la tendresse :
Hélas ! c'est moi qui la sens :
Tu jurois d'aimer sans cesse...
Et je tiens tous tes sermens.

M. LE CHEV. DE BOUFFLERS.

AIR : *Du Prévôt des Marchands.* N°. 5.

Non, je ne m'en dédirai pas,
Iris possédoit mille appas :
Mais elle en perd tant chaque année,
Que si ses appas font son bien,
La pauvre fille est condamnée,
Dans six mois, à n'avoir plus rien.

AIR: *Adieu donc, cher la Tulipe.*

II vol. N°. 85.

La beauté toujours nouvelle
Rend mon feu toujours nouveau.
J'aimerai jufqu'au tombeau
Mon aimable tourterelle :
Et fi l'ame eft immortelle,
   Nos amours
    Dureront toujours.
              CRÉBILLON, PERE.

AIR: *Vous voulez me faire chanter.*

III vol. N°. 3.

L'AMOUR nous parle par vos yeux :
Il nous flatte, il nous touche :
Il folâtre dans vos cheveux,
   Il rit fur votre bouche :
Par-tout en vous ce dieu vainqueur
   Se préfente avec grace,
Quoi ! feulement dans votre cœur
   N'auroit-il point de place ?

Air: *Du Prévôt des Marchands.* N°. 5.

N'EN déplaise au gentil Bernard,
Aimer ne fût jamais un art :
Mais pour qui porte une ame tendre,
Et voir vos dangereux appas,
Le grand art qu'il faudroit apprendre,
Seroit celui de n'aimer pas.

Air: *La lumiere la plus pure.* N°. 33.

QUE veux-tu que je te donne
Pour bouquet en ce moment ?
Si j'avois une couronne,
Je t'en ferois le présent.
Mon embarras est extrême,
Car je ne possede rien :
En t'offrant un cœur qui t'aime ;
C'est te redonner ton bien.

AIR : *De l'oiseau qui t'a fait envie.* N°. 14.

TA morale est pleine de charmes,
Elle touche & séduit les cœurs :
A la raison je rends les armes,
Ta main la couronne de fleurs.
Mais, jeune Elmire, la tendresse
Dans tes yeux se peint à son tour :
Ah ! quand tu parles de sagesse,
Devroient-ils inspirer l'amour ?

DORAT.

AIR : *Lisette est faite pour Colin.* II. vol.

N°. 39.

JUSQU'ICI j'ai craint la raison :
 La faute est pardonnable :
Mais Églé trouve la façon
 De nous la rendre aimable :
Sans le pouvoir de ses attraits,
 Je serois raisonnable :
Je deviens plus fou que jamais,
 Et je suis excusable.

Air de Nina. II vol. N°. 68.

Réunir à des traits flatteurs,
Sans aigreur,
Sans humeur,
Mœurs ;
Un bon cœur, un souris malin,
Un esprit sans dessein
Fin :
Ce seroit un objet parfait :
Mais où le trouver cet objet ?
Philis entra,
L'Amour cria :
Tiens, le voilà, le voilà
Là.

AIR : *Nous sommes précepteurs d'amour.*

N°. 23.

Quand je t'ai dit que mon amour
Pour toi, Lisis, étoit extrême,
Je t'abusois : de jour en jour
Plus je te vois, & plus je t'aime.

Fin du premier Volume.

TABLE ALPHABÉTIQUE DES CHANSONS

Contenues dans le premier Volume.

A

Aime-moi bien, ô ma Glycere. Pag. 115
Ami, tel est notre destin. 100
Amitié, ma voix t'implore. 17
Amour me tient en servage. 2
Amour, commence le tableau. 113
Au bord d'un clair ruisseau. 94
Au châtel de ses aïeux. 197
Au fond d'une heureuse vallée. 187
Au matin, dans les prés de Flore. 22
Au tems jadis, un Chevalier. 191
Au traître Amour je me firois peut-être. 16

B

Baiser charmant, signal des plaisirs. 112
Beau sexe, où tant de grace abonde. *Ibid.*

C

Cet étang. Pag. 104
Charmante Gabrielle. 1
Cœurs sensibles, cœurs fideles. 141
Cœur pur où régnoit l'innocence. 69

D

D'aimer jamais, si je fais la folie. 15
Dame d'esprit, de corps qu'elle étoit belle ! 214
Dans un détour. 25
Dans un bois solitaire & sombre. 39
Dans un bois la trop simple Annette. 43
Dans cette belle contrée. 211
Deux bergeres, pour faire usage. 31
Diane un jour dans un bois sombre. 33
D'un air badin. 30
Du rivage de Vauclufe. 109
D'un ruisseau qui coupoit la plaine. 28
Dans les jours de la folie. 220
D'Adam nous sommes tous enfans. *Ibid.*
Des combats le Dieu redoutable. 223
Du Dieu qui fait que l'on soupire. *Ibid.*

E

Écoutez l'histoire. Pag. 168
Écoutez-moi, faciles belles. 183
Elle m'aima, cette belle Aspasie. 136
Enfin je renonce aux délices. 162

F

Faut-il boire ? faut-il aimer ? 90
Faut-il être tant volage ? 89

G

Grace à tant de tromperies. 127

I

Iris, Thémire & Danaé. 36
Il faut bien à la jeunesse. 221
Iris, vous connoîtrez un jour. 222

J

J'aime Rosette à la folie. 148
J'ai cinquante ans, j'ai le desir. 87
J'avois à peine dix-sept ans. 159
Je trouve un jour sur l'herbette fleurie. 40
Je le tiens ce nid de fauvette. 72

Je l'adorois, cette jeune Zélie. Pag. 133
Je ne suis né, ni roi ni prince. 85
Je ne forme point de desirs. 88
Je n'ai pour toute maison. 98
Je suis né pour le plaisir. 96
Je viens de quitter ma Cloris. 143
Je vais vous conter l'aventure. 205
Je vous donne, avec grand plaisir. 5
Jupiter, prête-moi ta foudre. 34
Julie est sans desir. 221
Jusqu'ici j'ai craint la raison. 228

L

La bonne-foi fut ma chimere. 147
La beauté toujours nouvelle. 226
Le jeune Hylas, la jeune Elmire. 200
La jeune Iris, la fleur de nos campagnes. 32
L'amitié n'est pas facile. 57
L'Amour venant m'embrasser. 51
L'Amour est un vrai braconnier. 53
L'Amour égale sous sa loi. 118
L'Amour m'a fait la peinture. 165
L'Amour nous parle par vos yeux. 226
L'art à l'amour est favorable. 48
Las! si j'avois pouvoir d'oublier. 7
L'austere philosophie. 92

Table alphabétique. 235

L'autre jour l'enfant de Cythere. Pag.	122
L'autre jour prenant le frais.	36
L'autre matin je vis Thémire.	164
L'eau qui careſſe ce rivage.	219
Le connois-tu, ma chere Éléonore.	149
Le jeune Tircis, l'autre jour.	124
L'eſprit & les talens font bien.	19
Liſe, par fantaiſie un jour.	128
Loin d'ici.	97

M

Ma Doris un jour s'égara.	156
Mon cœur eût choiſi Terpſicore.	157
Mon deſtin auprès de Climene.	125

N

Ne point s'engager ſur-le-champ.	102
Non, non, Doris ne penſe pas.	137
Non, je ne m'en dédirai pas.	225
N'en déplaiſe au gentil Bernard.	227

O

O bienheureux qui peut paſſer ſa vie.	6
On jouit, on s'amuſe à tout âge.	60
O lit charmant ! où ma Myrthé.	154

On met l'Amour au rang des Dieux. P. 49
Oui, c'en est fait, je vais rompre mes chaînes. 140
Oui, dès long-tems j'ai percé le mystere. 139

P

Papillon, ton penchant volage. 66
Philis plus avare que tendre. 120
Plus ne suis ce que j'ai été. 2
Plus inconstant que l'onde & le nuage. 218
Point de bruit. 41
Point ne voudrois, pour bien passer la vie. 106
Pour la raison, c'est un poison. 56
Pourquoi rompre leur mariage. 173
Pourquoi regretter ces beaux jours. 13
Précieux jours dont fut ornée. 10

Q

Quand l'amitié devient amour. 59
Quand l'hirondelle. 75
Quand la vieillesse commence. 54
Quand je t'ai dit que mon amour. 230
Que chacun de nous se livre. 91
Que ne suis-je encor un enfant. 135

Que vous avez d'avantages.	Pag. 73
Que veux-tu que je te donne.	227
Qu'importe à mes tendres desirs.	38
Quinze ans !... Thémire, ô le bel âge !	161

R

Réveillez-vous, belle dormeuse.	119
Révele tes secrets au jour.	150
Réunir à des traits flatteurs.	229
Ruisseau, qui baignes cette plaine.	62

S

Sans vouloir trop chérir la vie.	78
Semblable à la rose naissante.	116
Si Tircis alloit deviner.	222
Sortant de l'humide séjour.	46
Sur le sable de ces rives.	145
Sur la rose une jeune abeille.	224

T

Ta morale est pleine de charmes.	228
Tendre fruit des pleurs de l'aurore.	64
Tes yeux promettent le bonheur.	117
Tircis vous apprend des chansons.	219
Tous mes souhaits & ma plus forte envie.	108

Tu veux des vers sur l'amitié. Pag. 224
Tu difois que l'amour même. 225

U

Un enfant plein de charmes. 50
Un jour me demandoit Hortenfe. 23
Un jour l'Amour quittant fa mere. 121
Une maîtreffe qu'on eftime. 146
Une pêche m'étoit chere. 67
Un tendre amant veut-il dire qu'il aime. 111

V

Vénus fur la molle verdure. 44
Viens m'aider, ô dieu d'amour. 3
Vive l'Amour ! vive fa fœur ! 62
Vos yeux, aimable Thémire. 94
Vos yeux du tendre amour. 131
Vous, qui du vulgaire ftupide. 80
Vous qui toujours fuivez mes traces. 77
Vous qui cherchez le délectable. 82

Fin de la Table.

AIRS
DU TOME PREMIER.

Nº. 1.

Nº. 2.

Tome I.

Airs du Tome premier.

N°. 3.

N°. 4.

Airs du Tome premier.

Nº. 8.

Nº. 9.

Airs du Tome premier. 5

Nº. 10.

Nº. 11.

a iij

6 *Airs du Tome premier.*

N°. 12.

N°. 13.

Airs du Tome premier.

N°. 14.

Airs du Tome premier
N°. 15.

Airs du Tome premier.

N°. 16.

N°. 17.

10 Airs du Tome premier.

Airs du Tome premier.

N°. 20.

22 *Airs du Tome premier.*

Nº. 21.

Nº. 22.

Nº. 23.

Airs du Tome premier. 37

Nº. 72.

Tome I.

38 *Airs du Tome premier.*

N°. 73.

Airs du Tome premier. 39

N°. 74.

d ij

40 *Airs du Tome premier.*

N°. 75.

N°. 76.

Airs du Tome premier. 41

N°. 77.

d iij

Airs du Tome premier.

N°. 78.

N°. 79.

Airs du Tome premier. 43

N°. 80.

N°. 81.

44　*Airs du Tome premier.*

N°. 82.

N°. 83.

Airs du Tome premier. 45

N°. 84.

N°. 85.

46   *Airs du Tome premier.*

N°. 86.

N°. 87.

Airs du Tome premier.

N°. 88.

N°. 89.

48 Airs du Tome premier.

Fin des Airs du Tome premier.

Airs du Tome premier.

N°. 47.

N°. 48.

Tome I.

26 *Airs du Tome premier.*

N°. 49.

N°. 50.

Airs du Tome premier. 27

N°. 51.

N°. 52.

c ij

28 Airs du Tome premier.

Nº. 53.

Nº. 54.

Airs du Tome premier. 29

N°. 55.

N°. 56.

c iij

Airs du Tome premier.

Nº. 57.

Nº. 58.

Airs du Tome premier.

N°. 59.

N°. 60.

Airs du Tome premier.

Nº. 61.

Nº. 62.

Nº. 63.

Airs du Tome premier.   93

Nº. 64.

Nº. 65.

84 *Airs du Tome premier.*

Nº. 66.

Nº. 67.

Airs du Tome premier. 35

N°. 68.

N°. 69.

36　Airs du Tome premier.

N°. 70.

N°. 71.

Airs du Tome premier.

N°. 23.

N°. 24.

N°. 25.

Tome I.

24 *Airs du Tome premier.*

N°. 26.

N°. 27.

Airs du Tome premier.

N°. 28.

26 Airs du Tome premier.

Nᵃ. 29.

Nº. 30.

Airs du Tome premier. 27

Nº. 31.

Nº. 32.

b iij

28 Airs du Tome premier.

N°. 33.

Airs du Tome premier. 19

N°. 34.

N°. 35.

20 *Airs du Tome premier.*

N°. 36.

N°. 37.

Airs du Tome premier. 21

N°. 38.

N°. 39.

22　Airs du Tome premier.

N°. 43.

N°. 44.

24 Airs du Tome premier.

Nº. 45.

Nº. 46.

Nº. 47.

Chanson de 1784.

1.
L'amitié vive et pure
Donne ici des plaisirs vrais.
C'est la simple nature
Qui pour nous en fait les frais
Gaité franche, amour honnête,
Ramène le bon vieux tems,
Chez nous c'est encor la fête
La fête des bonnes gens. (bis)

2.
Chez nous le mariage
N'est que l'accord de deux cœurs,
D'un si doux esclavage
Les nœuds sont tissus de fleurs.
Du bonheur on est au faîte,
Sitôt qu'on a des enfans.
En famille on fait la fête &c.

3.
La bergère sévère
Prend gaîment le verre en main,
L'amour au fond du verre
Se glisse et passe en son sein.
Pour l'amant qu'elle conquête,
Tous deux en sont plus charmant
L'amour embellit la fête
La fête des bonnes gens... (bis)

Pau des grands airs tragiques
À la ville on s'attendrit;
Pau des concerts rustiques
Au village on se rejouit.
Sans vous fatiguer la tête
Pau des accords trop savans,
Venez tous rire à la fête... &c.

j'ai reçu cette chanson de M^r Ct Sligny
libraire à Dijon rue des forges. le vendredi
30. juin 1809. L^r Guyot Dogiey. 1809.

Prends garde aux joujoux,
Ça détourne de l'étude,
Prends garde aux joujoux,
Si tu en avois beaucoup.
C'est que des joujoux
Quand on a pris l'habitude
C'est plus fort que nous
On ne veut plus que joujoux.

―――

Je n'saurois danser,
Ma pantoufle est trop étroite.
Je n'saurois danser,
Car j'ai trop grand mal au pied.
Je n'saurois m'tourner,
Ni à gauche ni a droite,
Je n'saurois m'bouger,
Parce que j'suis tout estropié.

www.ingramcontent.com/pod-product-compliance
Lightning Source LLC
Chambersburg PA
CBHW071524160426
43196CB00010B/1649